LA DÉRIVE POPULISTE

DU MÊME AUTEUR

Je vote moi non plus, Amérik Média, Montréal, 2009

Philippe Bernier Arcand

La dérive populiste

ESSAI
LIBRE

Conseil des Arts **Canada Council**
du Canada **for the Arts**

Les Éditions Poètes de brousse bénéficient
du soutien financier du Conseil des Arts du Canada.

LES ÉDITIONS POÈTES DE BROUSSE
203, rue Prince-Arthur Est
Montréal (Québec)
H2X 1C1
Téléphone : 514 289-9452
http://www.poetesdebrousse.org

DISTRIBUTION
Diffusion Dimedia inc.
539, boulevard Lebeau
Montréal (Québec)
H4N 1S2
Téléphone : 514 336-3941

DISTRIBUTION EN EUROPE
Diffusion Paris-Montréal
102, rue des Berchères
Pontault Combault
77340 France
Téléphone : 01.60.02.97.23

Maquette de la couverture et mise en pages :
Turcotte design

Dépôt légal 1er trimestre 2013
Bibliothèque et Archives nationales du Québec
Bibliothèque et Archives Canada

ISBN : 978-2-923338-62-0

À mes parents

AVANT-PROPOS

« Tu t'en vas à la dérive
Sur la rivière du souvenir
Et moi, courant sur la rive,
Je te crie de revenir
Mais, lentement, tu t'éloignes
Et dans ma course éperdue,
Peu à peu, je te regagne
Un peu de terrain perdu »

SERGE GAINSBOURG, *La Noyée.*

Ce livre a été écrit en réaction à la montée du populisme. Ce livre a été écrit pour exprimer mon inquiétude devant les débats qui changent de ton. Plus précisément ceux qui s'en vont lentement, mais sûrement – même dangereusement –, vers le populisme. Le courant populiste connaît des développements significatifs et inquiétants dans les paysages politique, intellectuel et médiatique québécois. Il reçoit beaucoup plus d'appuis que dans le passé. Il y a de quoi s'inquiéter de la dérive populiste des politiciens, des intellectuels et des médias. Autrement dit, il y a de quoi s'inquiéter de la dérive populiste de nos élites.

Il existe donc une lente dérive vers le populisme, si lente et si douce qu'on la voit à peine malgré certains signes qui ne trompent pas. Il suffit d'observer la scène politique, intellectuelle et médiatique québécoise pour en voir de plus en plus les manifestations, parfois subtiles et parfois évidentes. On assiste à un basculement progressif de la société.

Le populisme est sans aucun doute plus présent en Europe et aux États-Unis qu'au Québec, notamment avec les partis d'extrême droite européens et le mouvement Tea Party américain. En revanche, il existe en Europe et aux États-Unis des gens qui dénoncent le populisme sur plusieurs tribunes. Ici, au Québec, on regarde, impassible, la société dériver tranquillement vers le populisme. Rares sont ceux qui se lèvent pour le dénoncer, sans doute parce qu'il y est moins visible. Il est néanmoins présent et rares sont ceux qui osent ramer à contre-courant.

Qu'est-ce que le populisme au Québec ? C'est d'abord une certaine forme d'antiélitisme. Ce qui saute aux yeux, c'est la haine envers la « clique du Plateau » (l'arrondissement du Plateau-Mont-Royal, à Montréal), expression rendue célèbre par un animateur de radio poubelle de Québec, Jeff Fillion. L'expression est aussi utilisée régulièrement par l'ancien chef de l'Action démocratique du Québec (ADQ), Mario Dumont, depuis qu'il est devenu animateur de l'émission *Dumont* de la chaîne de télévision V. Même à la Chambre des communes, à Ottawa, il n'est pas rare d'entendre des députés du Parti conservateur du Canada (PCC) conspuer la « gauche du Plateau » ou les « gauchistes du Plateau-Mont-Royal[1] ». Il

---

1   À titre d'exemple, plusieurs déclarations ont été faites par des députés conservateurs entre décembre 2010 et mars 2011. Le 16 décembre, le député Bernard Généreux a déclaré que le maintien du registre des armes à feu était « peut-être un consensus sur le Plateau-Mont-Royal », mais qu'il était « loin de faire consensus à des kilomètres du pont Champlain ». Son collègue Christian Paradis, ministre des Ressources naturelles, a déclaré le même jour ceci : « Quand vient le temps de défendre le Plateau-Mont-Royal, le Bloc est là. » Le 1er février, Bernard Généreux parle du « chef du Bloc québécois [qui]

existe donc un ressentiment contre une certaine élite qui a été diabolisée et identifiée à un quartier, le Plateau-Mont-Royal, lequel est supposément progressiste et cosmopolite. À tort ou à raison, ce quartier incarne la « gauche caviar » québécoise ou plutôt l'esprit « bobo[2] ».

Pour les populistes, du moins les plus articulés d'entre eux, le Plateau-Mont-Royal est le symbole d'une idéologie que l'on pourrait qualifier de progressiste et qui est partagée par plusieurs qui, bien évidemment, n'habitent pas cet arrondissement. On lui reproche surtout de dicter l'agenda politique et culturel du Québec. Le Plateau-Mont-Royal est au Québec ce que la rive gauche parisienne ou même le quartier Saint-Germain-des-Prés sont à la France. En revanche, il ne fait aucun doute que le Plateau-Mont-Royal est beaucoup plus conspué au Québec que ne peut l'être Saint-Germain-des-Prés, même si ce quartier montréalais où règne une très grande diversité ne regroupe pas les plus nantis de notre société.

Il existe une forte rivalité, voire une rupture, entre le Plateau-Mont-Royal et le « 450 » – la banlieue de Montréal –, quand

---

cède à la pression de ses amis du Plateau-Mont-Royal ». Le 28 février, Daniel Petit, secrétaire parlementaire du ministre de la Justice, déclare : « Nous espérons que le Bloc va enfin cesser d'écouter ses amis gauchistes du Plateau-Mont-Royal.» Son collègue, le député Jacques Gourde, déclare le même jour que les bloquistes « ne pensent qu'à eux et aux amis du Plateau». Le 1er mars, Bernard Généreux décrit Gilles Duceppe comme « le chef du Bloc et grand défenseur du Plateau-Mont-Royal ». Son collègue le député Steven Blaney déclare le même jour que « les bloquistes [...] ne pensent qu'à leur gang du Plateau-Mont-Royal ». Le 3 mars, il ajoute que « l'opposition est à l'écoute des gauchistes du Plateau-Mont-Royal ». Le 9 mars, Daniel Petit déclare : « Heureusement, les conservateurs du Québec sont là pour représenter toutes les régions du Québec, pas seulement le Plateau-Mont-Royal ».

2   Cette expression, empruntée à l'ouvrage de David Brooks *Bobos in Paradise*, est une contraction des mots « bourgeois » et « bohème ».

ce n'est pas entre Montréal et le reste du Québec. Elle fut très bien illustrée dans un sketch de l'émission de télévision *Bye Bye de RBO 2007* (Radio-Canada), où, à la suite des élections, un député adéquiste déclarait qu'il n'était jamais allé à Montréal, qu'il n'irait jamais, que « ça pue, c'est plein de races, il y a des « quêteux » puis plein de villages gay », et proposait que l'on dépose une loi contre cette ville. C'est d'ailleurs l'une des caractéristiques du populisme : on insiste pour dire que c'est dans les régions que se trouve le « vrai monde », loin de la décadence de la grande ville. Le populisme, c'est aussi le culte de la terre, le goût du terroir et une vision mythifiée du passé.

Ce populisme qui mise sur une rupture entre Montréal et le reste du Québec est sans doute le type de populisme le plus visible, mais il n'est pas le seul. Au Québec, le populisme prend aussi des formes plus subtiles, plus difficiles à observer. Qu'est-ce que le populisme ? Un concept flou qui donne bien du fil à retordre aux politicologues car le populisme peut prendre différentes formes.

D'abord, dans le mot « populisme », il y a « peuple ». Le populisme, c'est le culte du peuple. Dans tous les types de populisme, le peuple, bon par nature, serait menacé par des minorités, par des étrangers, par des élites et par des complots orchestrés par ces groupes. Le peuple, bien que majoritaire, serait menacé par des minorités plus puissantes que lui.

Le populisme, c'est un style d'interlocution qui s'adresse directement au peuple par-delà ses représentants et ses notables. Pour un politicien, un intellectuel ou un commentateur médiatique, il consiste à s'adresser directement au peuple en évitant les corps intermédiaires classiques que sont la presse, les intellectuels, les syndicats, les associations, bref la société civile, ce que l'on appelle abusivement les « élites ». Ce populisme dénonce les élites en se faisant le porte-voix d'une « majorité silencieuse ».

Le populisme, c'est la dénonciation des élites dirigeantes, avec comme contrepartie une valorisation, voire une survalorisation, du peuple. C'est penser que les élites ne sont pas qualifiées pour parler au nom du peuple. C'est penser que le gouvernement et l'élite dirigeante se soucient de leurs propres intérêts plutôt que de l'intérêt général. C'est l'antiélitisme, c'est le « tous pourris ».

Le populisme, c'est penser qu'une opinion est vérité simplement parce qu'elle est répandue au sein du peuple. Le populisme, c'est aussi flatter les sentiments plutôt que la raison. C'est dévaluer les idées dominantes qui forment la base de la légitimité politique pour les remplacer par le « gros bon sens » des « gens ordinaires ». Le populisme, c'est des solutions simplistes, la désignation de boucs émissaires et la recherche de la sagesse populaire face à la technocratie.

Le populisme, c'est une rhétorique identitaire qui exprime la crainte et le rejet des étrangers qui menaceraient le peuple. C'est une vision ethnicisée du peuple, où l'« identité majoritaire » serait menacée par de multiples identités minoritaires. C'est ce qu'on appelle aussi le « national-populisme[3] ».

Le populisme, c'est faire de la démagogie. C'est parler au peuple en prétendant dire tout haut ce que celui-ci pense tout bas. C'est dire que l'on parle vrai, que l'on parle franc et qu'on en a marre du « politically correct ». C'est déclarer qu'on en a marre de l'hypocrisie et c'est pourquoi on va se dire « les vraies

---

3   L'expression « national-populisme » a été popularisée par le politicologue français Pierre-André Taguieff pour décrire un populisme identitaire.

affaires ». C'est parler au peuple en détournant sa colère contre des boucs émissaires. Cette démagogie est de plus en plus présente dans les démocraties occidentales et elle se manifeste à la fois sur la scène politique, intellectuelle et médiatique.

Ce livre n'est pas une étude sur le populisme, il n'en fait pas un examen objectif et il ne cherche pas à en distinguer les différentes formes. Il n'est pas non plus une enquête tentant de présenter les principaux acteurs du populisme au Québec ni de faire une cartographie des différents groupuscules populistes. D'autant plus que le populisme – et son soudain regain de popularité – n'est pas un phénomène typiquement québécois, mais plutôt une tendance occidentale. Ce livre, bien évidemment, n'apporte pas toutes les solutions, ni même une seule, pour faire face au populisme. Il se veut plutôt une contribution à une discussion nécessaire sur le sujet dans un Québec de plus en plus divisé entre le peuple et ses élites.

CHAPITRE 1

LE POPULISME POLITIQUE

« All I wanna say is that
They don't really care about us »

MICHAEL JACKSON,
They Don't Care About Us.

La démocratie repose sur la confiance. C'est sur l'établissement de la confiance, une forme de contrat social entre le peuple et l'autorité politique, que le philosophe anglais John Locke faisait reposer le passage de l'état de nature à la société civile. Les rois, les princes, les empereurs, les présidents, les premiers ministres et les élus n'étaient que les dépositaires de la confiance provisoire que leur aurait déléguée la population. Force est d'admettre que cette confiance s'érode actuellement, ce qui est extrêmement néfaste pour la démocratie.

Les scandales se suivent et se ressemblent. Les démocraties sont souvent secouées par des révélations sur la corruption en politique. La confiance envers les élus ne cesse de s'effriter. Si l'on se fie à deux sondages de la firme Léger Marketing auprès de 1 500 Canadiens, seulement 28 % des citoyens croyaient encore aux partis fédéraux en 2010, contre 34 % en 2005. Avec ce peu de confiance envers les partis politiques, il ne faut pas s'étonner de la baisse de la participation électorale. C'est loin d'être un phénomène isolé car cette perte de confiance touche à peu près toutes les démocraties modernes. La défiance ne peut qu'augmenter dans une démocratie minée par les conflits d'intérêts. La relation entre éthique et politique n'est pas à négliger dans la montée du populisme et de l'antiélitisme.

La corruption des élites politiques constitue pour les populistes l'illustration la plus flagrante de la trahison des représentés par leurs représentants. Ils ont obtenu la confiance des électeurs et on découvre ensuite qu'ils ne songent qu'à leurs intérêts personnels ou à ceux de leurs amis. Quelques cas suffisent pour faire des amalgames et crier : « Tous pourris ! »

Le principe premier de la démocratie veut que le gouvernement repose sur un consentement populaire, même s'il est constitué de membres pour lesquels de nombreuses personnes n'ont pas voté. La colère qui s'exprime un peu partout dans le monde contre les gouvernements indique clairement que ce consentement s'effrite dangereusement. De plus en plus de citoyens dans les pays démocratiques se sentent sous-représentés et angoissés.

Le politicien populiste fonde sa carrière sur l'attaque contre les élites. Il mise sur un ressentiment voulant que les classes populaires soient bloquées parce qu'une minorité détient tous les pouvoirs et privilèges. Cette situation donne notamment naissance aux théories du complot[4].

Le politicien qui utilise le populisme mise sur un ressentiment entre le peuple et les élites en se définissant avant tout par le fait qu'il est différent des autres politiciens puisqu'il n'appartient pas à l'élite, mais au peuple. Partout dans le monde, plusieurs politiciens en campagne électorale se présentent comme « le

---

4   Voir « Les théories du complot », p. 95.

candidat du peuple ». Pourtant, le politicien qui mise sur ce ressentiment fait face à une formidable contradiction : il accède au pouvoir en critiquant l'establishment, puis se retrouve à faire partie du système qu'il dénonce. Pour parer cette contradiction, il se donne une image populiste et antiélitiste. Il tente de se rapprocher du peuple en laissant entendre que, malgré la position qu'il occupe, il est resté le même. Ainsi, les politiciens populistes ne cessent de démontrer qu'ils sont des femmes et des hommes ordinaires. Ils tentent de se donner une image banale. Ils répètent, avec un brin de démagogie, qu'ils se sentent à l'aise avec « le monde ordinaire ». Ils disent pouvoir résoudre les problèmes de la nation par des solutions simples, en utilisant le « gros bon sens » et en parlant « des vraies affaires » comme le ferait n'importe quel citoyen[5].

C'est la base même de la démagogie. Si l'on se fie à la théorie du *Prince* de l'écrivain italien Nicolas Machiavel, il y a le prince, les grands et le peuple. Les grands voulant dominer et le peuple ne voulant pas être dominé par eux, le prince, dans la logique machiavélienne, doit s'appuyer sur le peuple plutôt que sur les grands puisque, précisément, il peut en quelque sorte prétendre affranchir le peuple de la gouverne des grands.

Les populistes ont une mentalité de « nous contre vous » ce qui fait tout sauf donner une bonne image à la politique. C'est sans doute payant politiquement puisque, avec l'antiélitisme, on peut diviser les citoyens. En revanche, on est loin du courage politique qui viserait plutôt à défendre l'intérêt général.

Ces dernières années, on a vu apparaître de plus en plus de politiciens populistes sur la scène politique. Leur présence

---

5   À ce propos, voir mon livre *Je vote moi non plus*,
     Amérik Média, Montréal, 2009.

reflète l'indécision des électeurs, leur perception croissante de ce qu'ils estiment être des injustices liées à la mondialisation, ainsi que la peur de plusieurs envers les minorités, les immigrés et plus généralement les étrangers.

Lors de la crise économique et financière de 2008, caractérisée notamment par la faillite de la banque d'investissement Lehman Brothers de New York, les élites ont été tenues responsables de toutes les insécurités liées à la mondialisation de l'économie. La crise a aussi fait gagner du terrain à l'intolérance. L'un des impacts les plus importants de cette crise fut que les technocrates ont perdu au profit des populistes le contrôle des débats sur les politiques publiques. C'est sans doute aux États-Unis que le changement est le plus visible, avec la montée du mouvement Tea Party aux élections législatives de mi-mandat en 2010, où ont été élus des politiciens qui croyaient que toutes les politiques publiques étatistes du siècle dernier étaient mauvaises. Ce qui est encore plus inquiétant, c'est que la montée de l'extrême droite et du populisme se produit toujours dans un contexte de crise économique et de forte augmentation du chômage : la grande dépression des années 1880-1890, le krach de 1929, la fin des « trente glorieuses » et, plus récemment, la crise économique et financière de 2008. L'inquiétude créée par le chômage et les pertes financières s'accompagne de la recherche de boucs émissaires car on a besoin d'un coupable. Bien souvent, nul ne fait un meilleur coupable que l'étranger. Les périodes de crise économique favorisent les opinions xénophobes et antidémocratiques, et c'est pourquoi on a observé récemment une progression des idées de repli et des sentiments hostiles à l'immigration dans plusieurs démocraties occidentales touchées par la crise de 2008.

On n'a plus confiance en les élites puisqu'elles auraient trahi sur le plan économique, avec notamment le taux élevé de chômage et la crise économique et financière, mais aussi sur le plan social, avec au premier chef l'immigration.

Le populisme est partout. Il ne se confine pas à un seul carreau sur l'échiquier politique. Il existe un populisme de droite comme un populisme de gauche. Autrement dit, le populisme n'est ni de gauche ni de droite. La gauche n'a pas nécessairement, comme le veut la formule de l'ex-président français Valéry Giscard d'Estaing, « le monopole du cœur ». La droite peut avoir du cœur et la gauche peut avoir une tête. Il est important de distinguer – et de ne pas confondre – la droite et l'extrême droite, tout comme il est important de distinguer la gauche et l'extrême gauche.

Il existe une gauche populiste, tout comme une gauche qu'on appelle avec ironie la « gauche caviar ». Cette gauche populiste n'a pas fait son « Bad Godesberg », pour reprendre le nom qu'on a donné en 1959 au programme du parti social-démocrate de la République fédérale d'Allemagne (*Sozialdemokratische Partei Deutschlands)* qui a formellement abandonné les idées d'inspiration marxiste, reconnu l'économie de marché de même que le fait d'être lié au peuple tout entier et non pas seulement aux travailleurs. Dans sa forme la plus caricaturale, cette gauche populiste, comme le décrivait le linguiste italien Raffaele Simone dans *Il Mostro Mite* (*Le Monstre doux*), persiste à diaboliser le marché, se défini comme « anticapitaliste » ou « antiaméricaniste », montre des sympathies dangereuses envers des régimes dictatoriaux comme le Cuba de Fidel Castro ou le Venezuela d'Hugo Chavez et fait preuve d'une négligence coupable envers l'islamisme ou le terrorisme, qu'elle excuse ou qu'elle dit comprendre. Qui plus est, cette gauche populiste mène bien souvent un débat extrêmement naïf sur les questions liées à la montée de l'intégrisme.

De même qu'il existe une droite libérale et intelligente, se portant à la défense des faibles et des minoritaires[6] – et qui a toujours constitué une force dans les démocraties, ne serait-ce que grâce à son alternance avec la gauche –, il existe une droite égoïste et insensible aux injustices sociales, paradoxalement proche des milieux populaires et que l'on pourrait appeler ironiquement la « droite baloney ». Cette droite populiste peut prendre la forme libertarienne, morale, nationaliste et identitaire. Généralement, cette droite populiste s'oppose à l'immigration, aux assistés sociaux et à la perte des valeurs morales.

Le populisme n'est ni de gauche ni de droite, mais on remarque néanmoins certaines tendances. En Amérique latine, depuis plusieurs décennies et encore aujourd'hui, on assiste à un populisme d'extrême gauche. En Amérique du Nord et en Europe, on assiste depuis quelque temps à un glissement du populisme de l'extrême gauche vers l'extrême droite. Les politicologues ont remarqué qu'une grande partie du vote d'extrême gauche, les partis communistes en tête, se retrouvait désormais parmi l'électorat d'extrême droite.

Le journaliste américain David Brooks, dans son article du *New York Times* « The Tea Party Teens[7] », remarque que les mouvements de contestation sont passés de gauche à droite. Selon lui, le mouvement Tea Party, aux États-Unis, pourrait marquer de son empreinte les années 2010 de la même façon que les hippies ont marqué les années 1960, les féministes, les années 1970, et les conservateurs chrétiens, les années 1980.

---

6   Il existe un progressisme de droite, par exemple en France, où ce sont des gouvernements de droite qui ont donné le droit de vote aux femmes, légalisé l'avortement et le divorce par consentement mutuel, et qui ont été des acteurs importants de la construction européenne.

7   BROOKS, David, « The Tea Party Teens »,
     New York Times, 4 janvier 2010.

Avec le mouvement Tea Party, l'esprit contestataire semble être passé totalement à l'extrême droite. Le mouvement populiste de gauche « Occupy Wall Street », qu'on a même vu au Québec en 2011-2012, et le mouvement des Indignés (*Indignados*) de Madrid défendent peut-être des idées contraires, mais force est d'admettre qu'ils sont moins bien organisés. C'est pourquoi, dans les démocraties occidentales, il est beaucoup plus fréquent de voir les populistes, en tant que force politique organisée, du côté de l'extrême droite, et c'est aussi pourquoi on a vu les mouvements populistes défendre des valeurs généralement défendues par l'extrême droite. C'est ainsi que, par exemple, le rejet de l'immigration et du multiculturalisme de même que l'affirmation de l'identité nationale sont associés au populisme d'aujourd'hui plutôt que les revendications sociales.

On peut sans doute associer l'essor de ce populisme à la dissolution des classes sociales, lesquelles, à défaut de disparaître complètement, ont cessé d'être des concepts mobilisateurs. La lutte des classes est passée de mode. L'affrontement bipolaire entre le prolétariat et la bourgeoisie, les deux grandes classes désignées par Karl Marx, appartient désormais au passé. La classe ouvrière a rétréci dès la fin des années 1970, ce qui a provoqué le déclin de l'identité ouvrière. Il s'agit également ment d'un déclin de l'identification de classe et d'un certain sentiment de solidarité. Le nombre d'emplois de cols bleus non spécialisés a décru au profit d'ouvriers qualifiés qui ont accédé à la propriété et à la société de consommation, et qui se reconnaissent beaucoup plus dans la classe moyenne que dans la classe ouvrière.

Cette fin des idéologies est accompagnée de « la fin de l'Histoire », chère à l'intellectuel américain Francis Fukuyama, qui a suivi la chute du mur de Berlin en 1989. Cet événement a aussi sonné le glas des vieilles visions du monde et de l'avenir, et a amené la «vengeance des nations», pour reprendre l'expression de l'essayiste français Alain Minc. On a assisté à la résurgence des nationalismes et à la poussé des intégrismes. Dans les années 1990, les guerres des Balkans ont tristement illustré cette résurgence des nationalismes.

Au Québec, le souverainisme et le fédéralisme ont été les mamelles de la vie intellectuelle depuis 1960. Or, depuis 1995, la question de la souveraineté est de moins en moins d'actualité. Sans avoir remballé leur rêve, pour reprendre l'expression du Premier ministre canadien Pierre Elliott Trudeau le soir du 20 mai 1980, les souverainistes se sont résolus à l'idée que la souveraineté du Québec ne se ferait pas au cours des prochaines années. La diminution des débats entre l'option souverainiste et l'option fédéraliste a laissé de la place pour un autre type de débat.

Il y a peut-être aussi le choc des civilisations, prédit par l'intellectuel américain Samuel Huntington dans son fameux texte « The Clash of Civilizations », paru dans *Foreign Affairs* en 1993. Huntington y avançait que la fin de la guerre froide avait induit un déplacement de l'axe des conflits internationaux potentiels, qui ne seraient plus idéologiques – comme autrefois entre le communisme et le capitalisme –, mais plutôt culturels, ce qui lui faisait prédire que ce ne seraient plus les États-nations qui s'affronteraient au XXIe siècle, mais plutôt les civilisations. L'effondrement des tours jumelles à Manhattan, le 11 septembre 2001, a donné l'impression à plusieurs qu'il avait peut-être raison. Ainsi, de nombreux mouvements populistes, dans les différentes démocraties occidentales, semblent avoir trouvé depuis un bouc émissaire commun : l'islam.

Depuis plusieurs années, on assiste dans ces démocraties à un sentiment de plus en plus répandu voulant que les élites gouvernantes soient déconnectées du peuple. Cette impression de distance entre le peuple et ses élites entraîne diverses manifestations populistes. Sur la scène politique, la manifestation la plus visible du populisme est l'émergence de partis d'extrême droite.

L'extrême droite est surtout présente dans les pays européens, où son émergence est attribuée au contexte postcommuniste, à la récession économique et au taux de chômage élevé, qui a provoqué une profonde insatisfaction envers les pouvoirs publics, eux-mêmes déjà ébranlés par des scandales de corruption. Ainsi, en raison de leur inefficacité et de leur manque de probité, les élites ne suscitaient plus la confiance du public. Cette situation fut propice à l'émergence du populisme et plus particulièrement de l'extrême droite. C'est ce qui explique, du moins en partie, l'apparition d'un Jean-Marie Le Pen en France, d'un Pim Fortyn aux Pays-Bas et d'un Jörg Haider en Autriche, pour ne nommer que ceux-là.

Ces partis d'extrême droite ont connu des hauts et des bas. On a plusieurs fois annoncé leur mort. Ils ont aussi connu des transformations : ils se sont modernisés, ils se sont adaptés aux nouveaux débats de société. C'est pourquoi, au cours des dernières années, l'extrême droite a connu un renouvellement, une relève de la garde, qui s'est accompagnée d'un retour en force.

LE RETOUR DE L'EXTRÊME DROITE

« *Something is rotten in the state*
of Denmark. »

WILLIAM SHAKESPEARE, *Hamlet*.

Bien qu'ils fussent présents sur la scène politique depuis longtemps, on a assisté en Europe, depuis la fin des années 2000, à un retour en force des partis populistes et réactionnaires. Il y a d'abord eu le Danemark en 2007, où le Parti populaire danois (*Dansk Folkeparti*), d'extrême droite, actif depuis plusieurs années déjà, a appuyé le gouvernement et orienté la politique très restrictive en matière d'immigration et de droits des étrangers. En Norvège en 2009, le Parti du Progrès (*Fremskritt-spartiet*), d'extrême droite, devenait pour la deuxième fois le premier parti d'opposition. Ensuite, il y a eu les Pays-Bas et la Suède en 2010, et, au début de 2011, la Finlande, où les partis d'extrême droite ont réussi à obtenir suffisamment de pouvoir pour définir ou influencer la politique de leur pays.

Le fait que ces mouvements aient eu un aussi grand succès en Scandinavie et aux Pays-Bas est significatif puisque ces pays paraissaient résister aux tentations populistes. Les pays nordiques et les Pays-Bas sont des patries de tolérance et sont réputés pour leurs politiques libérales. Ce sont des pays parents quant à la liberté et au mode de vie. Les Pays-Bas sont le premier pays européen à avoir supprimé la peine de mort. À l'époque du Marché commun, c'était le pays le plus commerçant, le plus ouvert aux échanges internationaux et le plus égalitaire sur le plan des revenus. Quant à la Scandinavie, elle regroupe certains des pays les plus tolérants du monde. La Suède a toujours été reconnu pour son laïcisme et son détachement à l'égard de tout ce qui relève de l'Église. Les homosexuels peuvent s'y faire recenser civilement comme conjoints depuis 1995, s'y marier depuis 2000, et ce pays est l'un des plus radicaux dans son interprétation du droit des femmes. Cette liberté d'expression sans limites est l'une des raisons pour lesquelles le cyberactiviste australien Julian Assange y a domicilié les serveurs de WikiLeaks en 2010.

Toutefois, ces partis ne sont pas une caractéristique spécifique aux pays scandinaves et aux Pays-Bas. En Italie, l'un des six pays fondateurs de l'Union européenne, le parti populiste et anti-immigrés de la Ligue du Nord (*Lega Nord*) a participé à plusieurs gouvernements en devenant le plus fidèle allié du président du Conseil italien, Silvio Berlusconi. L'extrême droite est également représentée dans les Parlements nationaux en Autriche, en Slovaquie, en Lettonie, en Bulgarie, en Hongrie, en Grèce, en Suisse et en Belgique. Aux élections européennes de juin 2009, l'extrême droite a obtenu plus de 10 % des votes dans sept États membres (Pays-Bas, Belgique, Danemark, Hongrie, Autriche, Bulgarie, Italie) et une performance entre 5 et 10 % dans six autres États (Finlande, Roumanie, Grèce, France, Royaume-Uni, Slovaquie). On peut également penser à la Suisse et à la victoire du référendum sur l'interdiction de la construction de minarets, qui a remporté 57,5 % des suffrages en 2009.

Il est difficile de caractériser les partis de l'extrême droite européenne, mais ils ont souvent en commun d'être contre les élites qui ont renforcé l'État-providence, l'immigration et le multiculturalisme, et ils concentrent leurs attaques sur les politiciens et les bureaucrates comme sur les immigrés et les assistés sociaux. Ils sont principalement, mais pas simplement, des partis de protestation. Ils sont souvent intolérants envers les minorités ethniques et les homosexuels[8], tout comme ils sont généralement antiféministes et en faveur du rétablissement de la peine de mort et l'interdiction de l'avortement. Ils cherchent à restaurer l'autorité, à défendre la famille et les traditions, à réaffirmer la religion et à redonner sa place à la nation.

C'est là une opposition aux libertés des années 1960-1970 : la libre expression, la société métissée, le droit des femmes et des homosexuels. C'est aussi une haine des valeurs libérales et progressistes qu'on dit défendues par les élites. Les libertés des années 1960-1970, et leurs valeurs, ont été symbolisées en France avec Mai 68. Cependant, ce mouvement n'a pas eu lieu qu'en France. Un peu avant et un peu après Mai 68, des mouvements semblables ont existé sur quelques campus universitaires américains, puis à Londres, à Amsterdam, à Berlin, à Rome et même à Mexico, à Varsovie, à Istanbul et à Tokyo. Durant ces mêmes années, on a aussi vu le Printemps de Prague en 1968, de même que Woodstock en 1969. Le Québec n'a pas échappé à l'agitation qui, aux quatre coins de la planète, réclamait une libéralisation à grande échelle des structures sociales. Au

---

8   À noter toutefois le singulier cocktail de xénophobie, d'individualisme et de défense des droits des femmes que le leader d'extrême droite Pim Fortuyn avait concocté aux Pays-Bas en 2002. Ouvertement homosexuel, ce politicien n'était ni homophobe ni anti-intellectuel et il n'a jamais évoqué le concept de la race, ce qui le différenciait des partis d'extrême droite traditionnel. En revanche, son hostilité envers l'islam et l'immigration non européenne avait pavé la voie à des partis populistes comme celui de Geert Wilders.

Québec en mai 1968, ce fut la première de *L'Osstidcho* et, en
août, la première de la pièce de théâtre *Les Belles-Sœurs* du
dramaturge Michel Tremblay. En octobre, ce fut le spectacle
Chansons et poèmes de la résistance avec le fameux poème *Speak
White* de la poète Michèle Lalonde, de même que la fondation
du Parti québécois (PQ) par René Lévesque, quelques années
avant que ce dernier devienne Premier ministre du Québec.
L'année d'avant, c'était l'Exposition universelle de Montréal,
Expo 67, qui, selon plusieurs observateurs, a ouvert le Québec
sur le monde, sans compter que, cette même année, la quête
d'affirmation québécoise avait obtenu un écho international
important avec le « Vive le Québec libre ! » du président
français Charles de Gaulle sur le balcon de l'Hôtel de ville de
Montréal. Ces évènements sont aussi associés à des valeurs,
notamment la liberté, la justice sociale et l'ouverture sur le
monde. Au Québec, on pourrait aussi parler des valeurs de la
Révolution tranquille, une période qui couvre essentiellement
les années 1960.

Une rupture face à ces valeurs a eu lieu et a été observée par
le *think tank* français Terra Nova. Les années 1960-1970 sont
associées au progressisme et au libéralisme culturel, concernant
notamment la contraception, la liberté sexuelle, l'avortement,
le féminisme, la remise en cause de la famille traditionnelle
et le métissage de la société. Ce libéra-lisme culturel était
associé à des valeurs telles que l'égalité hommes-femmes,
l'ouverture sur le monde, la permissivité, la reconnaissance
des minorités, les droits de l'homme et la contestation des
pouvoirs. Ce mouvement sur les questions de société a perduré
et prend aujourd'hui forme dans la tolérance, l'ouverture aux
différences, une attitude favorable aux immigrés, à l'islam,
à l'homosexualité, de même que dans une solidarité avec
les plus démunis. En parallèle, le populisme a fait le chemin
inverse : le chômage, la précarisation, la perte de l'identité

nationale et la fin de la fierté de classe ont donné lieu à des réactions de fermeture et de repli contre les immigrés, contre les assistés sociaux, contre le déclin des valeurs morales et contre les désordres sociaux, comme si, dans certains milieux, le libéralisme culturel avait provoqué une contre-réaction réclamant de l'ordre, de l'homogénéité et des traditions.

C'est ce qui explique en partie pourquoi il existe tout un mouvement réactionnaire qui pense et qui dit tout haut que c'était mieux avant, que c'est vers le passé et non l'avenir qu'il faut se tourner pour trouver des solutions. En fait, cette opposition des populistes aux libertés des années 1960-1970 s'accompagne d'une réhabilitation de l'époque qui précédait, la période d'« avant ». Cet « avant » se situe avant les mythes fondateurs d'une société qui l'ont amenée vers une certaine forme de progressisme et de libéralisme culturel. Au Québec, l'« avant », c'est avant la Révolution tranquille ; en France, c'est avant Mai 68 ; et ailleurs dans le monde, les dates diffèrent un peu. On assiste donc un peu partout dans le monde à une réhabilitation de cette période d'avant. Au Québec, c'est la réhabilitation de l'époque qu'on appelle la Grande Noirceur, associée au Premier ministre Maurice Duplessis ; et ailleurs en Europe, l'extrême droite tente de réhabiliter des périodes beaucoup plus sombres. Les populistes tentent de réhabiliter ces périodes pour mettre de l'avant leurs idées et leurs valeurs, notamment l'opposition au progressisme et la promotion d'un conservatisme réactionnaire. Au Québec, on remet en cause la libération des mœurs, l'État providence et toute la Révolution tranquille ; en France, on caricature tout Mai 68, que l'on tient pour responsable du déclin des mœurs, de l'invasion de la pornographie, de la remise en cause de la famille traditionnelle, du décrochage scolaire, du manque de discipline et d'autorité à l'école, et de la dette nationale. C'est une nostalgie d'une époque précédant l'émancipation des femmes et des homosexuels ainsi que la société métissée. Cette nostalgie peut sans doute expliquer en partie le succès de certaines séries télévisées, notamment la série américaine *Mad Men*, à la fin des années 2000.

Cette nostalgie s'accompagne de préoccupations plus contemporaines. On assiste à une recrudescence du soutien des électeurs à des mouvements prétendant défendre les intérêts de la culture de la majorité contre l'immigration et la diffusion de l'islam. C'est le cas des partis populistes et xénophobes en Europe qui s'écartent de l'ancien nationalisme réactionnaire pour faire de la résistance à l'islamisme, voire à l'islam, leur point de ralliement. Leur doctrine, c'est le refus de l'immigration et du multiculturalisme. Ces partis constituent une force de plus en plus importante avec laquelle il va falloir compter dans le paysage politique européen.

Par exemple, on peut penser au politicien Geert Wilders, leader du Parti pour la Liberté (*Partij voor de Vrijheid*), aux Pays-Bas, qui se fait le défenseur d'une Europe blanche et judéo-chrétienne en souhaitant déporter tous les immigrés musulmans. Il souhaite aussi que les allocations accordées aux familles soient réservées exclusivement aux Néerlandais qui ne sont pas musulmans. Il s'est rendu célèbre en comparant le Coran à *Mein Kampf*. À travers son combat contre l'islam, il vise les élites. Il lutte contre l'islam pour mieux lutter contre les élites libérales et cosmopolites, qu'il déteste parce que ce sont elles qui, selon lui, ont exercé une politique d'immigration musulmane qu'il juge contraire aux intérêts de la civilisation occidentale. Il s'oppose à l'islam avec l'espoir de mettre fin à un modèle alliant tolérance et multiculturalisme, hospitalité et respect des différences.

L'extrême-droite tourne souvent autour des thèmes du nationalisme identitaire, de la xénophobie, du racisme, de l'antiparlementarisme, de l'anti-européanisme et de la lutte contre les idées d'égalité et de pluralité culturelle; des valeurs culturelles conservatrices telles que l'ordre et la sécurité, le refus de l'immigration, le rejet de l'Europe et la défense des traditions. Ces partis se présentent comme les défenseurs de la civilisation occidentale contre son prétendu principal ennemi : l'islam. Pour mieux lutter contre l'islam, l'extrême droite tente de revêtir de nouveaux habits.

LES RÉACTIONNAIRES D'HIER DEVENUS
LES PROGRESSISTES D'AUJOURD'HUI

« *Vous êtes réactionnaires, c'est bien. Tous*
les grands écrivains sont réactionnaires.
Balzac, Flaubert, Baudelaire, Dostoïev-
ski : rien que des réactionnaires. Mais il
faut baiser aussi, hein, il faut partouzer.
C'est important. »

MICHEL HOUELLEBECQ,
Les Particules élémentaires.

Les motifs psychologiques qui sous-tendent le mouvement Tea
Party aux États-Unis et les partis d'extrême droite en Europe
sont similaires, même si les politiques diffèrent. Les populistes
américains et européens modernes ne portent pas de chemise
noire ou brune et ne préconisent pas les violences de rue. Les
dirigeants de ces partis ont un discours qui ne comporte pas
directement de termes racistes ou fascistes, mais ils parlent
plutôt de liberté, de démocratie et de « gros bon sens ». Il
ne faut pas confondre l'actuelle extrême droite avec les partis
fascistes d'autrefois, sinon on ne comprendrait rien à son
efficacité. Ce sont des mouvements protestataires identitaires
qui puisent leur force considérable dans la mondialisation,
l'immigration, le multiculturalisme et la progression de l'islam
radical.

Ce serait une erreur que de classer dans la catégorie des néofascistes les actuels partis d'extrême droite. Il est vrai que certains éléments les associent aux mouvements néonazis ou néofascistes « traditionnels » de l'Europe d'après-guerre, qui ont eu une influence somme toute marginale, mais ce qui diffère, c'est que les actuels partis d'extrême droite bénéficient d'une base beaucoup plus large et touchent pratiquement toutes les strates de la société, quel que soit le niveau d'éducation, le sexe ou le statut social.

Longtemps, on a identifié l'extrême droite au fascisme. C'est beaucoup moins évident aujourd'hui, alors que l'extrême droite est de plus en plus populiste. À quelques exceptions près, notamment plusieurs mouvements nationalistes apparus en Europe centrale et orientale après la dissolution de l'Empire soviétique, tel que le Jobbik en Hongrie, le fascisme a presque complètement disparu de la carte politique.

En Europe de l'Ouest, dans les pays qui furent le berceau historique du fascisme, ce dernier est pratiquement inexistant en tant que force politique organisée. En Allemagne, l'influence des mouvements néonazis sur l'opinion publique est presque nulle. En Espagne, le legs du franquisme a été recueilli par le Parti populaire (*Partido Popular*) – l'un des deux grands partis politiques du pays –, et les phalangistes sont une espèce en voie d'extinction. En Italie, Futur et Liberté pour l'Italie (*Futuro e libertà per l'Italia*), parti fondé par l'ancien leader fasciste Gianfranco Fini, se présente désormais comme une droite libérale et réformiste.

Les récents succès de ces partis d'extrême droite démontrent leur banalisation. C'est notamment le cas du Front national, en France, qui s'est non seulement affranchi de son image fascisante, mais qui s'est aussi banalisé. Banalisé parce que les partis populistes sont désormais partout en Europe et aussi parce que, depuis 2011, le parti est dirigé par une jeune femme, Marine Le Pen. Il présente désormais l'image d'un parti comme les autres. Né en 1972, le Front national était issu de l'association de plusieurs groupuscules néofascistes, tels qu'Ordre nouveau. À l'origine, c'était un parti résolument d'extrême droite, dont plusieurs membres avaient soutenu le régime de Vichy et la collaboration, puis l'Algérie française et l'Organisation armée secrète (OAS). Aujourd'hui, la relève des générations a brouillé et banalisé l'image du parti. Cette dédiabolisation du Front national a amené le président français Nicolas Sarkozy à déclarer en 2012 que le vote d'extrême droite n'était « pas répréhensible » et que Marine Le Pen était « compatible avec la République ».

Il est fascinant de voir ces formations politiques issues des mouvements nazis se faire désormais les défenseurs des juifs, des homosexuels, des femmes, de la laïcité et de la liberté d'expression. Par exemple, en Suède, le parti des Démocrates suédois (*Sverigedemokraterna*), qui se fonde sur la supériorité de la race blanche, s'est évertué à se positionner comme le défenseur des gays et des juifs contre l'intolérance entretenue par l'immigration massive des musulmans des deux dernières décennies. Ce parti a réussi à devenir la troisième force politique du pays en 2010, alors que, peu de temps auparavant, ses membres se réunissaient encore en uniforme nazi. De même en Autriche il y a quelques années pour le Parti autrichien de la liberté (*Freiheitliche Partei Österreichs*), qui à sa fondation en 1956, a fédéré plusieurs anciens Waffen SS et divers hauts placés nazis. Pour des raisons électorales évidentes, les dirigeants du parti ont éliminé peu à peu, aux cours des années 1990 et 2000, les références au nazisme.

Mieux encore, ces partis qui se disaient ouvertement fascistes il n'y a pas si longtemps tentent une métamorphose extrême en faisant un parallèle entre « islam » et « fascisme », qu'ils nomment « islamofascisme ». Ainsi, les partis populistes prennent désormais la figure du résistant. C'est notamment ce qu'avait fait en France en 2010 la présidente du Front national, Marine Le Pen, en comparant les prières de rue des musulmans à l'occupation allemande lors de la Seconde Guerre mondiale. On tente donc de se défaire de son image de « collabo » en traitant son adversaire de « nazi ».

On a également observé que l'extrême droite, qui s'opposait autrefois à la laïcité pour séduire l'électorat catholique traditionnaliste, use désormais d'une pirouette qui consiste à utiliser l'arme historique de ses adversaires – la laïcité – à ses propres fins. La laïcité est maintenant présentée comme un rempart contre l'islam envahissant l'Occident. Il s'agit là d'une instrumentalisation de la laïcité au profit d'idées rétrogrades. On bafoue la laïcité lorsqu'on la manipule pour stigmatiser une communauté. La laïcité, c'est aussi le respect des religions à la condition que celles-ci n'envahissent pas l'espace public et n'interfèrent pas dans le fonctionnement de l'État.

Le féminisme peut également être instrumentalisé pour justifier les poussées islamophobes. Ainsi, on a vu des mouvements d'extrême droite farouchement antiféministes, voire masculinistes, commencer à s'inquiéter de l'égalité hommes-femmes dès qu'ils se sont aperçus que le sexisme de certains courants religieux pouvait être invoqué pour dissimuler leur intolérance réactionnaire. Il en va de même pour des groupes d'extrême droite qui défendaient la famille traditionnelle et qui en ont surpris plusieurs en défendant la cause homosexuelle pour la même raison. L'extrême droite a aussi utilisé la défense de la liberté de presse et de la liberté d'expression, notamment à la suite des remous provoqués en 2006 par les douze caricatures de Mahomet publiées par le journal danois *Jyllands-Posten*. L'extrême droite instrumentalise des valeurs jadis défendues par ses adversaires pour justifier son islamophobie.

Le déclin de la tradition fasciste laisse la place à l'essor d'une extrême droite d'un type nouveau dont l'idéologie intègre les mutations de l'époque. Désormais, c'est plutôt une vision néolibérale du monde, axée sur la critique de l'État-providence, la révolte fiscale, la dérégulation économique et la valorisation des libertés individuelles, opposées à toute interférence étatique. C'est magnifiquement illustré par le mouvement Tea Party aux États-Unis. Il est accompagné d'une promotion de l'ordre et de la sécurité ainsi que de la défense des traditions. C'est donc un univers politique inquiet, conservateur, réactionnaire et globalement de droite. Il y a aussi le nationalisme, un nationalisme identitaire qui prend parfois la forme d'une défense de l'Occident menacé par la mondialisation et le choc des civilisations. Il existe une peur du déclin de l'Occident – vu comme la civilisation judéo-chrétienne –, un occidentalisme ramené par les néoconservateurs après les attentats du 11 septembre 2001. L'élément fédérateur de cette nouvelle extrême droite réside dans la xénophobie, déclinée comme un rejet violent des immigrés et, plus particulièrement, de l'islam. De plus en plus, le succès électoral de l'extrême droite pousse les personnalités politiques des partis du centre à entrer en concurrence avec elle sur la rhétorique anti-immigration ou xénophobe, ce qui donne une légitimité aux comportements racistes dans l'opinion publique et contribue à leur diffusion.

Au Québec, les partis politiques d'extrême droite n'existent pas. Pourtant, il est logique de croire que ce ressentiment existant en Europe existe aussi au Québec. Évidemment, il est difficile de comparer, les traditions politiques n'étant pas les mêmes et l'histoire de l'immigration étant complètement différente. En revanche, il ne fait pas de doute que les idées et les valeurs qu'on associe aux partis d'extrême droite peuvent se retrouver sur la scène politique québécoise. Il y a même plusieurs indices qui laissent croire que le populisme y est bien vivant.

LE POPULISME POLITIQUE AU QUÉBEC

*« C'est pourquoi il faut rester dans
la province où nos pères sont restés, et
vivre comme ils ont vécu, pour obéir
au commandement inexprimé qui s'est
formé dans leurs cœurs, qui a passé dans
les nôtres et que nous devons transmettre
à notre tour à de nombreux enfants : au
pays de Québec rien ne doit mourir et rien
ne doit changer... »*

LOUIS HÉMOND, *Maria Chapedeleine.*

Au Québec, fort heureusement, on ne connaît ni l'extrême droite ni l'extrême gauche en politique, ce qui s'explique sans doute en partie grâce à notre système parlementaire, puisque c'est aussi le cas au Canada et au Royaume-Uni (à l'exception des députés européens[9]). Il est logique de croire que le Québec subirait sûrement le même phénomène populiste si son système électoral était fondé sur la représentation proportionnelle. Même si l'extrême droite n'y est pas organisée,

---

9   Cela n'empêche pas la présence, au Royaume-Uni, de mouvements d'extrême droite tels que la English Defence League et quelques petits partis qui ne sont pas représentés à la Chambre des communes de Londres. Il faut tout de même noter les progrès très inquiétants, au cours des dernières années, du British National Party.

le Québec n'est pas pour autant immunisé contre elle. Ainsi, malgré son système parlementaire, il n'est pas à l'abri du populisme et du ressentiment contre les élites manifesté par les politiciens. À plusieurs moments de l'histoire du Québec, on a vu un vote de protestation un peu brouillon et moralisant. On n'a qu'à penser au Ralliement créditiste et au Parti créditiste, dans les années 1960 et 1970, tant sur la scène provinciale que fédérale. Plus récemment, on l'a vu aussi avec l'Action démocratique du Québec aux élections de 2007.

L'Action démocratique du Québec était un parti qui, bien que socialement conservateur, était essentiellement libéral et hostile à l'État-providence. Un parti qui souhaitait une rupture avec le modèle étatique québécois mis en place au moment de la Révolution tranquille. Il serait réducteur et simpliste de réduire son programme à un ressentiment envers l'establishment et les « vieux partis ». Il ne faut pas nier que plusieurs électeurs ont voté pour ce parti en raison de son programme libéral qui prônait un État plus modeste. C'était particulièrement vrai au début, avant que le parti ne prenne un virage populiste et identitaire durant la campagne électorale de 2006-2007[10]. Cependant, était-ce vraiment ce programme libéral prônant un État modeste qui a motivé la majorité des électeurs à voter pour l'ADQ en 2007 ?

---

10 En fait, depuis l'arrivée de Gérard Deltell à la tête de l'Action démocratique du Québec en 2009 jusqu'à sa fusion avec la Coalition Avenir Québec (CAQ) en 2012, on a assisté à un retour des préoccupations essentiellement économiques au sein du parti. Qui plus est, Gérard Deltell se présentait comme farouchement fédéraliste et même critique envers la loi 101 ; bref, l'Action démocratique du Québec semblait avoir mis de côté son nationalisme identitaire. En revanche, Gérard Deltell ne manquait par de parler de « l'incompétence » et des « emplois inutiles » de la fonction publique de même que des « lobbies environnementaux », misant ainsi sur le ressentiment contre les élites et l'État.

Ces électeurs l'ont sans doute fait – du moins une grande partie d'entre eux – pour les déclarations populistes du chef de ce parti, Mario Dumont. Par exemple, il a fait une analogie plus que douteuse en disant que « pendant qu'un jeune sikh se promène avec son poignard à l'école, la majorité québécoise ne peut plus utiliser le mot Noël...[11] ». Il s'en était même pris aux Centres de la petite enfance (CPE), qu'il accusait d'acculturer les enfants puisque, paraît-il, on ne pouvait plus y parler de Noël. Pour se faire du capital politique, il a monté en épingle des cas isolés d'accommodements raisonnables – dont personne ne doutait qu'ils n'étaient pas raisonnables – et il les a présentés comme des politiques établies qui représentaient une menace pour l'identité québécoise.

Le chef de l'ADQ s'est présenté comme le défenseur de l'identité québécoise, une identité qui était selon lui en danger, à cause des immigrés en général et des accommodements raisonnables en particulier. Volontairement ou pas, il confondait accommodements raisonnables et immigration. Il disait qu'il fallait du courage, qu'il fallait se tenir debout, qu'il fallait mettre ses culottes, qu'il fallait « remettre les immigrants à leur place ». Le catastrophisme était omniprésent dans ses discours. Il s'est mis à parler de l'enseignement de la religion à l'école, des niveaux d'immigration et de leurs effets néfastes pour le Québec. Pour l'ADQ, le Québec était perçu comme une espèce en voie d'extinction, une espèce à protéger, comme si la société québécoise – et son identité – était fixée à jamais, coulée dans le béton, et qu'il fallait désormais la protéger contre les éléments étrangers. Il représentait pour plusieurs celui qui allait défendre les valeurs du peuple face aux élites.

---

11 *Le Journal de Montréal*, 17 novembre 2006. In : POTVIN, Maryse, *Crise des accommodements raisonnables*, Montréal, Athéna Éditions, 2008, p. 70.

Les sondages démontrent que l'Action Démocratique du Québec oscillait entre 10 % et 15 % avant que Mario Dumont ne parvienne à rallier l'opinion avec les accommodements raisonnables aux élections québécoises de 2007. L'ADQ a réussi à passer du statut de petit parti marginal à celui d'opposition officielle avec 41 sièges à l'Assemblée nationale du Québec, et ce malgré une équipe de candidats qui n'avaient pas le profil auquel on s'attendait de la part de députés. Le parti de Mario Dumont avait réussi à surclasser le Parti québécois en misant sur un nationalisme conservateur et populiste.

Les électeurs de l'ADQ – encore une fois, une partie d'entre eux – se sentaient non représentés par les « vieux partis ». Leur ressentiment se retournait contre des boucs émissaires (les élites, les vieux partis que représentaient le Parti libéral du Québec et le Parti québécois, les immigrés, voire les élites libérales et leur opinion favorable à l'immigration), à qui ils imputaient leur délaissement. Certains candidats de l'ADQ, lors de la campagne de 2006-2007, ont cherché des boucs émissaires en attaquant les femmes, les homosexuels ou les immigrés[12]. Le vote en faveur de ce parti avait des allures de vote protestataire.

Il ne faut pas diaboliser l'Action démocratique du Québec (plus précisément le parti tel qu'il était en 2006-2007), qui, bien que populiste de droite et ne s'en cachant pas, n'avait pas le même radicalisme, loin de là, que les partis d'extrême droite européens. En revanche, étant donné l'amateurisme des candidats qui se sont présentés et dont plusieurs sont devenus députés – bien souvent à la surprise des principaux intéressés –,

---

12 Les propos sexistes et homophobes du candidat adéquiste Jean-François Plante ont été jugés si extrémistes que, lors des élections québécoises de 2007, l'Action démocratique du Québec a préféré retirer sa candidature du comté de Deux-Montagnes en cours de campagne et ne présenter aucun candidat.

on ne peut faire autrement que d'y voir un vote antisystème, une critique de l'establishment, bref, un signe de malaise évident face aux élites. Il s'agit d'une tendance préoccupante qui consiste à accorder sa préférence aux figures apolitiques. Une tendance qui renvoie à une caractéristique problématique de plusieurs démocraties occidentales, soit le rejet des partis politiques quand ce n'est pas le rejet des politiciens dits « traditionnels ».

La structure de la société s'est fragilisée. Il n'y a plus, comme autrefois, de groupes sociaux permettant à des organisations de se bâtir dans la durée. Désormais, les citoyens sont socialement sans attache. Ils ne se reconnaissent plus dans les partis politiques et réagissent à chaque évènement en fonction de leur humeur du moment, en s'appuyant avant tout sur leurs sentiments, quand ce n'est pas leurs ressentiments.

Les démocraties souffrent d'une crise de la représentation politique, qui se traduit notamment par une perte de légitimité des « vieux » partis. Cette tendance se voit aussi beaucoup lors des élections municipales, où le populisme se manifeste par un attrait des figures charismatiques apolitiques, bien souvent sans parti. On peut penser à la mairesse Andrée P. Boucher à Québec en 2005 ou au maire Régis Labeaume en 2007, qui se sont fait élire sans vraiment avoir de parti[13]. Le succès de l'Action démocratique du Québec lors des élections québécoises de 2007, de même que celui du Nouveau Parti démocratique (NPD[14]) lors des élections fédérales de 2011 –

---

13 En fait, non seulement la mairesse de Québec, Andrée P. Boucher, n'avait pas de parti politique, mais elle n'avait pas de pancartes électorales et surtout n'avait même pas de programme.

14 Bien que le Nouveau Parti démocratique ait été fondé en 1961, il avait des allures de nouveau parti au Québec. Il n'avait réussi à faire élire auparavant que deux députés au Québec, lors d'élections partielles, soit Phil Edmonston en 1990 et Thomas Mulcair en 2007.

avec des candidats plus qu'atypiques pour un poste de député
–, relève de cette même logique, cette fatigue envers les « vieux
partis ». On n'est pas loin de l'antiparlementarisme.

Non seulement les populistes ont tendance à rejeter les « vieux
partis », mais ils proposent souvent, sous la forme de nouveaux
partis, une troisième voie définie par conjonction négative. Par
exemple, aux États-Unis, le « ni républicain ni démocrate »
du populiste Ross Perot lors de la campagne présidentielle de
1994, ou, en France, le « ni de droite ni de gauche » du leader
du Front national, Jean-Marie Le Pen. Au Québec, on a vu
l'Action démocratique du Québec se déclarer « ni souverainiste
ni fédéraliste » et la Coalition Avenir Québec se présenter non
seulement comme « ni souverainiste ni fédéraliste », mais
aussi comme « ni de gauche ni de droite ».

Le succès de l'ADQ aux élections québécoises de 2007 fut de
courte durée. Après celles de 2008, le parti s'est marginalisé en
redevenant la deuxième opposition et en cédant l'opposition
officielle au Parti québécois, mais le populisme n'a pas disparu
du Québec pour autant. On a vu le Parti québécois tenter de
reprendre le terrain laissé vacant par l'ADQ, avec heureusement
moins de vigueur et de démagogie. N'empêche qu'on ne s'en
est pas privé. En février 2010, l'ancien Premier ministre Lucien
Bouchard a déclaré que le PQ avait « l'air de vouloir remplacer
l'ADQ dans la niche du radicalisme[15] ». À titre d'exemple, on
peut aussi penser à un passage de Pauline Marois, chef du PQ,
à l'émission de télévision *Tout le monde en parle* de Radio-
Canada en février 2010, où elle rappelait au philosophe Charles
Taylor, coprésident en 2007 de la Commission Bouchard-
Taylor sur les pratiques d'accommodements liés aux différences

---

15   Cité dans LESSARD, Denis, « Le PQ secoué par les propos de son ex-chef »,
     La Presse, 17 février 2010.

culturelles, que le gouvernement d'alors avait mal agi puisque, selon un sondage, 74 % des Québécois considéraient que le gouvernement n'agissait pas correctement et qu'il y avait trop d'accommodements raisonnables. Charles Taylor lui a répondu : « Madame Marois, est-ce que vous êtes d'accord avec cette opinion majoritaire ? » Elle répliqua en disant : « Je ne suis pas nécessairement d'accord avec cette opinion majoritaire. » Difficile de faire plus démagogique...

On a parfois l'impression, sans doute en raison des échecs référendaires de 1980 et de 1995, que le mouvement souverainiste se cherche. Il a suivi un chemin sinueux depuis sa fondation. Défendant autrefois le progrès et la liberté, il se fait désormais conservateur, du moins pour une certaine frange, quand ce n'est pas réactionnaire. Le courant progressiste s'est fait plus discret et le courant conservateur est devenu plus visible. Comme l'écrivait Pierre Elliott Trudeau en 1962, quelques années avant de devenir Premier ministre du Canada, dans son fameux texte intitulé « La nouvelle trahison des clercs » : « Or je découvre que plusieurs personnes parmi celles qui pensaient comme moi sont devenues aujourd'hui séparatistes. Parce que leur pensée sociale est à gauche, parce qu'elles militent pour l'école laïque, parce qu'elles font du syndicalisme, parce que leur culture est ouverte, elles pensent que leur nationalisme s'inscrit dans le sens du progrès[16]. » Est-ce encore le cas du mouvement souverainiste des dernières années ?

Pour créer les grands projets de la Révolution tranquille, le Québec avait besoin d'un sentiment d'appartenance, d'unifier culturellement un immense territoire, incluant – dans une

---

16   TRUDEAU, Pierre Elliott, « La nouvelle trahison des clercs »,
     Cité Libre, 46 : 3-16, avril 1962.

culture relativement homogène – les chantiers de la Côte-Nord et de la Baie-James, l'urbanisation de Montréal, le développement de la fonction publique à Québec, tout comme l'émergence du «Québec inc.» dans toutes les régions du Québec. Ce nationalisme était essentiel à son développement économique et à sa modernisation. À l'inverse, il existe également un nationalisme de résistance et d'hostilité à la modernité. C'est ce deuxième nationalisme que l'on observe de plus en plus depuis quelques années au Québec, notamment dans le discours de l'Action démocratique du Québec en 2006-2007, mais aussi ailleurs dans le monde. C'est un nationalisme qui permet de se réfugier dans les valeurs du passé. En fait, «nationalisme» est un terme qui peut porter à confusion dans la mesure où il existe un «nationalisme ouvert», généreux et confiant dans la nation, tout comme un «nationalisme fermé», présent en période de crise et dominé par la peur.

Le mouvement souverainiste québécois a pris son essor dans les années 1960 avec la Révolution tranquille. Le Mouvement Souveraineté-Association (MSA), fondé en 1967 par René Lévesque, moins d'une décennie avant qu'il ne devienne Premier ministre du Québec, était surtout composé d'acteurs de la Révolution tranquille. Bien que le MSA ait fusionné avec le Ralliement national (RN), composé essentiellement de créditistes en région, pour former ce qui allait devenir le Parti québécois, il est généralement admis que c'est le courant issu du MSA (social-démocrate) plutôt que celui des créditistes (populiste) qui a influencé les débuts de l'histoire du Parti québécois.

Il est indéniable que le Parti québécois s'est inscrit dans une optique globalement social-démocrate après son élection en 1976. Il est vrai qu'il existait différents courants politiques et idéologiques au sein du PQ, mais le courant dominant prônait un nationalisme de gauche rêvant d'un Québec progressiste, environnementaliste, féministe et démocratique. Toutefois, depuis les dernières années, quelques indices laissent croire qu'on s'en va tranquillement dans une autre direction. Il ne fait aucun doute que le PQ a tenté de jouer la carte de l'ouverture et de la diversité après les paroles malheureuses du Premier ministre Jacques Parizeau en 1995[17]. Après 1995, le parti s'est montré très ouvert à l'immigration et aux communautés culturelles, peut-être même trop, aux yeux de certains militants. On assistait parallèlement, au Québec et ailleurs dans le monde, à un nouveau type de discours dans les milieux politiques comme dans les milieux intellectuels, un discours plus nationaliste, traditionnaliste, conservateur et populiste. L'Action démocratique du Québec a répliqué par un nationalisme conservateur qui a eu beaucoup de succès. Depuis 2007, à la suite du départ du chef du PQ, André Boisclair, et de son remplacement par Pauline Marois, le parti a subi un virage identitaire pour reprendre le terrain perdu au profit de l'ADQ.

C'est tout le mouvement souverainiste, le Parti québécois en tête, qui s'est éloigné tranquillement, mais sûrement, de la gauche social-démocrate sur l'échiquier politique pour se rapprocher de la droite populiste. Depuis 2007, le PQ a réussi à surclasser l'Action démocratique du Québec en misant sur un nationalisme identitaire. En 2010, il se débarrassait de son aile syndicale, les Syndicalistes et progressistes pour un

---

17 Le Premier ministre Jacques Parizeau a déclaré, à la suite de la défaite du « Oui » lors du référendum qui invitait les Québécois à se prononcer sur la souveraineté du Québec, le soir du 30 octobre 1995 : « C'est vrai, c'est vrai qu'on a été battus, au fond, par quoi ? Par l'argent puis les votes ethniques, essentiellement. Alors, ça veut dire que, la prochaine fois, au lieu d'être 60 ou 61 % à voter «Oui», on sera 63 ou 64 % et ça suffira. »

Québec libre (SPQ Libre). Lors de son congrès de 2011, on a parlé de la radicalisation du PQ. Lors des élections canadiennes de 2011 qui l'ont pratiquement balayé de la carte électorale, le Bloc québécois (BQ) s'est fait discret sur les « valeurs québécoises », plutôt de gauche et social-démocrate, qu'il se targuait de défendre et son chef Gilles Duceppe répétait que son parti était aujourd'hui « moins à gauche » qu'à l'origine. En 2011, avec le projet de loi 204[18], on a vu le PQ utiliser une stratégie populiste pour gagner des voix dans la région de Québec, comme l'avait fait autrefois l'ADQ en épousant la cause de la station de radio CHOI-FM et de la Fondation Scorpion[19] pour gagner le comté de Vanier lors de l'élection partielle de 2004. En 2011, le PQ suggérait d'abaisser le taux d'immigration alors que, quelques années plus tôt, en 2008, le député péquiste Maka Kotto comparait le chef de l'ADQ, Mario Dumont, au président du Front national, Jean-Marie Le Pen, parce qu'il osait souhaiter une baisse de l'immigration.

Le Parti québécois, et même le Bloc québécois, principaux partis du mouvement souverainiste au Québec, sont des partis de coalition : différents courants idéologiques y cohabitent. On remarque toutefois une progression du courant conservateur, prônant un nationalisme identitaire, au détriment d'un courant progressiste dont l'influence diminue. Cette progression du nationalisme identitaire n'est pas un phénomène qui existe uniquement au sein du mouvement souverainiste québécois. On la remarque aussi depuis quelques années chez de nom-

---

18 Le projet de loi 204 était un projet de loi spéciale visant à mettre
     à l'abri des poursuites une entente conclue entre la Ville de Québec et
     l'entreprise Quebecor pour le projet d'un nouvel amphithéâtre à Québec.
     Ce projet suscitait pour plusieurs l'espoir du retour d'une équipe de hockey
     de la Ligne nationale de hockey (LNH) à Québec.

19 Voir « Radio poubelle », p. 131.

breuses formations politiques – généralement de droite ou d'extrême droite – dans plusieurs démocraties occidentales.

Le populisme politique québécois a ses propres particularités tout comme l'extrême droite européenne a les siennes. On remarque toutefois des traits communs. Toutes les formes de populisme cherchent à obtenir le consensus en parlant d'une menace provenant de groupes intérieurs. Les populistes prétendent que la majorité est menacée par une minorité qui tenterait d'infiltrer les institutions de la majorité. Dans les mouvements populistes des démocraties occidentales, l'islam semble faire consensus dans le rôle de la menace.

L'ISLAM DANS LA MIRE DES POPULISTES

« Likewise, it is important for Western countries to avoid impeding Muslim citizens from practicing religion as they see fit – for instance, by dictating what clothes a Muslim women should wear. We cannot disguise hostility towards any religion behind the pretence of liberalism. »

BARACK OBAMA, discours
« A New Beginning »,
Le Caire, 4 juin 2009.

L'islam fait peur. On l'associe aux attentats du 11 septembre 2001 à New York, à ceux du 15 et 20 novembre 2003 à Istanbul, du 11 mars 2004 à Madrid et du 7 juillet 2005 à Londres, pour ne nommer que ces extrêmement tristes et violents évènements. Le musulman est désormais perçu comme un terroriste en puissance. On entend souvent dire que « si tous les musulmans ne sont pas terroristes, presque tous les terroristes sont musulmans ». Pourtant, associer « islam » et « terrorisme » a à peu près autant de sens qu'associer « catholique » et « pédophile ». N'empêche pas que l'islamisme représente, bien évidemment, un nouveau danger totalitaire, un fanatisme en guerre contre les libertés individuelles, les droits des femmes, la laïcité et la démocratie.

L'idée que l'immigration musulmane constitue une menace pour les libertés est devenue l'un des nouveaux moteurs du discours d'hostilité à l'islam et aux immigrés. Que ce soit le Québec, le Canada, les États-Unis et l'Europe, il n'est plus un pays qui échappe à l'impression que l'identité occidentale est confrontée à une sorte de défi géant lancé par l'islam. Pourtant, l'islam est une religion, non une force ou un empire. Le « choc des civilisations » cher à l'intellectuel américain Samuel Huntington prend pour certains une forme très concrète.

Le populisme politique encourage la confusion et c'est pourquoi la prudence est de mise lorsque l'on parle de l'islam. Les populistes imprudents parlent d'invasion ou d'islamisation. On se retrouve face à un dangereux amalgame qui se fait au détriment de plusieurs musulmans sans histoire, ne demandant pas d'accommodements raisonnables, soucieux avant tout d'intégration, mais pris en otages par une multitude de groupuscules islamistes.

En janvier 2007, la municipalité québécoise d'Hérouxville a publié un document rédigé par son conseiller municipal André Drouin et titré « Code de vie ». Ce document prônait l'interdiction de l'excision, de la lapidation et d'autres pratiques qui, de toute évidence, n'étaient pas sur le point de s'abattre sur les habitants de ce petit village de la Mauricie. En fait, Hérouxville, municipalité de moins de 1 500 habitants, ne comptait aucun immigré outre un jeune garçon haïtien qui avait été adopté. La peur et l'ignorance sont les deux mamelles de l'intolérance. Les médias québécois ont accordé une très grande importance à ce document défendu par un hurluberlu sur plusieurs plateaux de télévision, sans conscience du danger de stigmatiser une population. Les propos d'André Drouin, à la fois naïfs et xénophobes, étaient pourtant entendus à des heures de grande écoute et, s'ils ne recueillaient pas nécessairement l'approbation des téléspectateurs, devenaient ainsi des propos acceptables, voire une opinion défendable. Lorsque le conseiller municipal d'Hérouxville, André Drouin, interdit la lapidation et la polygamie, c'est sur les musulmans qu'il jette l'opprobre. On encourage les préjugés, les stéréotypes, la prétendue présence d'ennemis à l'intérieur, de minorités qui menaceraient une majorité. C'est la défiance entre un « Eux » et un « Nous ».

Il en va de même de l'ex-président français Nicolas Sarkozy, qui visait encore une fois les musulmans en évoquant en 2007 « les polygames, ceux qui pratiquent l'excision ou égorgent des moutons dans les baignoires », et en 2012 « l'excision » et « l'enfermement des femmes derrière des prisons de tissu ». Dans la même veine, en 2012, le Front national a prétendu à tort que toute viande consommée en région parisienne était halal, suivi au Québec par le Parti québécois qui a déclaré que la viande halal allait à l'encontre des valeurs québécoises. Cette même année, le politicien français Jean-François Copé a essayé d'attendrir son électorat en racontant qu'un jeune se serait fait « arracher son pain au chocolat par des voyous » au motif « qu'on ne mange pas au ramadan ». On assiste à une vague d'islamophobie qui prend de multiples formes. Au Québec, on peut aussi penser au commentateur médiatique Éric Duhaime qui prétendait en 2010 qu'Amir Khadir, député québécois qui codirige le parti Québec solidaire (QS), dissimulerait un « agenda islamique ». Ces comportements et ces réactions démontrent une vision stéréotypée du monde arabo-musulman, surtout fondée sur des préjugés.

Il faut s'inquiéter de ceux qui ne prennent pas suffisamment de précautions pour distinguer l'islamisme (l'intégrisme) de l'islam (la religion). L'islam ne doit en aucun cas être confondu avec l'islamisme, qui consiste plutôt en l'utilisation de la religion musulmane à des fins politiques, visant notamment à instaurer un régime fondé sur la charia. Il ne s'agit pas d'excuser ou de banaliser l'islamisme, qui est sans doute l'un des mouvements les plus réactionnaires et les plus régressifs, mais plutôt de ne pas le confondre avec l'islam. C'est l'amalgame entre les deux qui est dangereux. En fait, il y a confusion entre islam et islamisme, et l'on pourrait en ajouter un troisième élément à cette confusion, le musulman, qu'il soit pratiquant ou non, sans compter la confusion avec l'identité arabe. Les populistes, par ignorance ou par irresponsabilité, causent l'amalgame et contribuent à la confusion. Autrement dit, il y a risque de stigmatiser une population. Il est non seulement inefficace, mais également injuste de stigmatiser la population musulmane tout entière pour lutter contre les excès, la haine et les violences des groupes intégristes et terroristes.

Il ne faut pas le nier l'existence d'un danger islamiste, mais, en même temps, on trouve parmi les analyses qui sont proposées des éléments qui ne sont pas sans rappeler le discours anti-communiste d'autrefois. Il n'est plus possible de douter des horreurs du communisme, particulièrement depuis la publication de *L'Archipel du Goulag* de l'écrivain russe Alexandre Soljenitsyne, en 1975. En revanche, on ne peut pas nier qu'on a assisté pendant des années à une chasse aux sorcières où l'on a tenté d'apeurer la population avec l'épou-vantail du communisme. À une autre époque, le Premier ministre québécois Maurice Duplessis était déterminé à « protéger le peuple contre l'empoisonnement communiste » avec la « loi du cadenas », qui accordait au gouvernement le pouvoir de cadenasser toute maison, école ou bâtisse utilisée pour ou par des communistes ou bolchéviques et même d'emprisonner tout ceux qui se livraient à de la propagande communiste ou bolchévique. Il voyait un « danger communiste » d'autant plus grave que les communistes étaient des athées sans religion qui risquaient de détruire l'identité canadienne-française. Lors d'un discours à Trois-Rivières en 1948, il a déclaré : « Le jour où le peuple de Québec aura perdu sa foi religieuse; le jour où les théories subversives auront fait pour le peuple de Québec du ciel un désert; le jour où l'espérance unique qui nous donne nos convictions religieuses sera remplacé par l'athéisme et le matérialisme, c'en est fait de la race, c'en est fait de la province et c'en est fait du pays. Et c'est parce que nous voulons conserver cette richesse incomparable, nos traditions religieuses, que nous faisons la lutte au communisme. ». Il ajouta : « Choisissez entre ceux qui ont pris les moyens et continuent à prendre les moyens pour conserver notre trésor incomparable de traditions nationales et religieuses et ceux qui pactisent avec les communistes[20]. » Aux États-Unis, on a vu un phénomène semblable avec le sénateur Joseph McCarthy et ce qu'on a appelé le « maccarthysme ». Ainsi, comme il était possible, sans nier les dangers du communisme, de critiquer les populistes de l'époque qui en agitaient l'épouvantail pour faire peur à la population, il est possible aujourd'hui, sans nier les dangers de l'islamisme, de critiquer les populistes qui agitent l'épouvantail de l'islam pour faire peur à la population.

Les populistes, sous le couvert du « gros bon sens », introduisent des arguments absurdes dans le débat. On impute à l'islam la responsabilité du malaise identitaire québécois, du fait que des filles ne vont pas à l'école en Afghanistan, du fait qu'il est interdit de bâtir des églises en Arabie saoudite ou du fait que l'homosexualité soit sanctionnée par la peine de mort en Iran. On entend même dire qu'au Québec on se

---

20 Discours de Maurice Duplessis, Trois-Rivières, 21 avril 1948. Diffusé à la radio de Radio-Canada.

ferait manger la laine sur le dos puisqu'un Québécois dans un pays musulman n'aurait pas droit aux mêmes libertés. L'abbé Raymond Gravel a écrit, dans le quotidien montréalais *La Presse*[21], qu'il entendait dire par des catholiques québécois, à propos de pratiques religieuses ou de symboles religieux : « Si nous étions en Iran, on nous imposerait la culture et la religion musulmane; donc, on peut imposer la nôtre à tous ceux qui viennent s'installer chez nous. » Raymond Gravel se demandait à juste titre s'il n'y avait pas là une sorte de nivellement par le bas qu'on se plaît pourtant à dénoncer concernant d'autres sujets d'actualité. En effet, ce genre de raisonnement est d'une incroyable absurdité. Selon cette logique, il faudrait couper la main des voleurs, lapider les femmes adultères et pendre les homosexuels, parce que telle est la règle ailleurs. La tolérance permet la vie en commun dans la diversité; si d'autres pays choisissent la contrainte et l'uniformité, il n'est pas souhaitable que le Québec s'en inspire pour autant.

Selon cette même logique, il est normal de critiquer l'islam, sans, encore une fois, tomber dans le populisme. Refuser toute critique de l'islam, ce serait rendre un bien mauvais service à la grande majorité des musulmans, qui n'adhèrent pas aux discours radicaux. Il en va de même d'ailleurs pour toutes les religions.

Parce que les immigrés musulmans du Québec sont devenus plus nombreux et donc plus « visibles » au cours des dernières décennies, et parce que l'islam politique monte en puissance sur la scène internationale, bon nombre de citoyens sont désormais convaincus que l'islam en soi est radical, militant et incompatible avec les valeurs québécoises. Par conséquent, les immigrés musulmans ne pourraient pas, contrairement

---

21   GRAVEL, Raymond, « Prière : un entêtement maladif du maire de Saguenay », *La Presse*, 17 février 2011.

aux vagues d'immigration du passé, notamment grecques et italiennes, s'intégrer à la société québécoise.

En fait, selon les statistiques, la population musulmane représentait 1,5 % de la population québécoise en 2001, soit 109 000 citoyens[22]. Bien évidemment, ils ne sont pas tous pratiquants; il s'agit même de l'une des communautés religieuses les moins pratiquantes. L'immense majorité des membres de la communauté musulmane ne demande pas d'accommodements raisonnables. Ainsi, quand des citoyens québécois de culture ou de confession musulmane sont souvent pris pour cible, il faut clairement distinguer l'infime minorité qui utilise l'islam pour justifier des pratiques contraires aux croyances pacifiques de la grande majorité des musulmans. Évidemment, la plupart des personnes d'origine musulmane ne sont ni extrémistes ni fondamentalistes.

À peine 5 % des femmes musulmanes portent le voile au Québec. Pour ce qui est du niqab et de la burqa, les spécialistes évaluent le nombre à 25 ou 30 femmes. En fait, 25 ou 30 femmes qui portent la burqa, c'est sans l'ombre d'un doute 25 ou 30 femmes de trop, mais c'est combien en comparaison à l'ensemble de la population musulmane du Québec ? Ainsi, rares – très rares même – sont ceux qui ont croisé une femme vêtue d'une burqa au Québec, même si les médias, particulièrement à l'époque de la crise des accommodements raisonnables, en voyaient partout. Sans prendre position dans le débat sur le port de ces vêtements, on peut en relativiser l'importance au sein de la communauté musulmane. Faire cet exercice est essentiel pour éviter les généralisations.

---

22   Gouvernement du Québec, Relations avec les citoyens et immigration, « Données sur la population recensée en 2001 portant sur la religion », Direction de la population et de la recherche, 27 mars 2003.

Les religions sont-elles dangereuses ? Le fait que l'islam soit considéré comme une « menace » pour l'identité nationale est préoccupant. La religion musulmane se retrouve au banc des accusés. On assiste à une stigmatisation de tout ce qui est musulman. L'angoisse associée au terrorisme n'autorise pas à stigmatiser collectivement tous les musulmans. Si une religion est irrationnellement perçue comme une menace, on doit combattre cette réaction irrationnelle par la connaissance mutuelle, condition nécessaire pour que les opinions occidentales ne s'enferment pas dans la défiance, dans la peur et dans l'amalgame. L'ignorance est à la base de bien des conflits.

Malgré ces quelques observations, il serait faux de dire que l'on assiste à une vague de racisme, mais plus juste d'affirmer qu'il s'agit d'une méfiance ciblée envers telle ou telle catégorie de la population, en particulier la communauté musulmane. On assiste à une banalisation du discours d'intolérance dans les médias. On entend plus souvent qu'avant des propos racistes décomplexés et présentés comme relevant du « gros bon sens » et du « réalisme ». C'est le retour du langage d'Elvis Gratton. Cet Elvis Gratton, personnage du film du même nom du cinéaste québécois Pierre Falardeau, qui se demandait comment il se pouvait qu'à son concours « Québec Super Stars » il y ait un « Elvis Wong, un Chinois, un autre qui veut voler nos jobs ». Cette fois, cependant, le langage d'Elvis Gratton est parlé par des politiciens et des commentateurs médiatiques, qui se vantent de dire tout haut ce que le peuple penserait supposément tout bas. On l'a vu en France en 2010 avec le ministre de l'Intérieur Brice Hortefeux, qui déclarait, comme s'il avait été au bistro du coin ou comme s'il avait parlé à son beau-frère dans un *party* de Noël, que c'était vrai que les gens du voyage et les Roms avaient de grosses Mercedes ou de « grosses cylindrées ». Il a également déclaré en 2009 devant un jeune Maghrébin : « Quand il y en a un, ça va. C'est quand il y en a beaucoup qu'il y a des problèmes[23]. » Au Québec, on a l'impression que, depuis la Commission Bouchard-Taylor sur les pratiques d'accommodements liés aux différences culturelles – qui prenait parfois la forme de séances publiques de défoulement –, il est désormais légitime de cracher son mépris sur une communauté. Le langage d'Elvis Gratton a quitté les discussions de café du commerce et les forums sur Internet pour trouver sa place dans le discours public.

Ces tendances ne sont pas nouvelles. Les études et sondages font apparaître depuis longtemps une hostilité aux immigrés, croissante, mais silencieuse. Or, tout se passe comme si ces tendances venaient tout à coup de se trouver une voix. Les stéréotypes habituels ont brusquement quitté les conversations de bar et de machine à café pour prendre d'assaut les émissions de télévision, les lignes ouvertes à la radio, les textes d'opinion dans les journaux, les blogues sur Internet, et même investir le discours des politiciens, pressés de séduire un électorat potentiel.

C'est d'autant plus vrai qu'une part croissante des opinions des pays occidentaux vit, islam ou pas, dans une peur toujours plus grande de tout ce qui est « autre », en raison de la mondialisation, du chômage et du recul des protections sociales. Face à une mondialisation économique qui ferme – ou plutôt délocalise – les usines et manufactures, les citoyens des pays occidentaux ont de plus en plus tendance à vouloir refermer leurs frontières, dans l'espoir de retrouver, à leur abri, un paradis perdu. Il ne fait pas de doute que l'immigration et la mondialisation provoquent un renforcement du besoin d'identité nationale puisqu'elles donnent l'impression de

---

23   En 2010 en France, le ministre Brice Hortefeux a été condamné en première instance pour injure raciale.

menacer l'identité majoritaire. La présence de minorités d'immigrés qui continuent à ne pas ressembler à la majorité redonne ainsi droit de cité à un racisme devenu banalisé.

On assiste à une véritable dérive populiste. En ciblant l'islam, on vise le multiculturalisme, et, en visant le multiculturalisme, on a dans sa mire le pluralisme. Parce que la majorité serait supposément mise en danger par des minorités, il faudrait faire de la lutte contre le pluralisme une priorité.

UN NOUVEL ENNEMI :
LE MULTICULTURALISME

*« C'est dans cet esprit que j'aurais envie
de dire, «aux uns» d'abord : «Plus
vous vous imprégnez de la culture du
pays d'accueil, plus vous pourrez vous
imprégner de la vôtre»; puis «aux
autres» : «Plus un immigré sentira sa
culture d'origine respectée, plus il s'ouvrira
à la culture du pays d'accueil». »*

AMIN MAALOUF,
Les Identités meurtrières.

Sans prendre position ni pour ni contre le multiculturalisme,
on remarque qu'il est devenu le sujet de prédilection des partis
politiques d'extrême droite, la cible à abattre. Qui plus est, c'est
un sujet très délicat et les débats qui ont eu lieu à son propos
ont souvent versé dans le populisme. Le multiculturalisme,
puisque associé à des sujets très controversés tels que l'immigration, l'islam et l'identité nationale, peut rapidement devenir
un sujet explosif lorsqu'il est débattu par des politiciens et des
intellectuels irresponsables et inconscients de leur rôle.

Le multiculturalisme, comme toutes les politiques publiques,
n'est pas parfait. Plusieurs politiques publiques, même si elles

sont fondées sur de bonnes intentions, entraînent des effets secondaires, des effets pervers même, qui ont des conséquences imprévues allant à l'encontre de l'objectif visé. Il a donc lieu d'en débattre. Cependant, la réaction des populistes sera toujours la même : tout rejeter en bloc puisque cela vient des élites technocratiques.

Au Québec, le multiculturalisme a une histoire particulière. Il est logique de croire qu'une des raisons d'être du multiculturalisme canadien, sinon la seule, était de constituer une stratégie dirigée contre le mouvement souverainiste québécois. Le rapport de la Commission royale d'enquête sur le bilinguisme et le biculturalisme[24], paru en 1969, fut suivi d'une politique officielle de multiculturalisme en 1971. Il existe de multiples publications sur la thèse voulant que le multiculturalisme canadien brime les intérêts du peuple québécois et son affirmation nationale. Voulant protéger la diversité ethnique, le multiculturalisme canadien a aussi eu pour conséquence négative de reléguer le Canada français à l'état d'une minorité parmi d'autres et de fermer la voie à la conception de deux, voire trois peuples fondateurs (Amérindiens, Canadiens français et Canadiens anglais). Le Canada est le seul pays à avoir inscrit le multiculturalisme dans sa Constitution. Le multiculturalisme canadien est fondé sur l'idée qu'il n'existe pas de culture majoritaire au Canada. C'est un énoncé qui peut difficilement être en harmonie avec la réalité québécoise puisque nul besoin d'être sociologue pour observer qu'il existe une culture majoritaire au Québec, une culture francophone qui est d'autant plus sensible qu'elle est elle-même une minorité à l'échelle nord-américaine. C'est aussi le cas de plusieurs États occidentaux où les citoyens ont le sentiment

24 Aussi appelée Commission Laurendeau-Dunton.

qu'il existe des cultures majoritaires, qui sont justement considérées comme le fondement de la cohésion sociale.

Ainsi, la critique du multiculturalisme est tout à fait justifiée au Québec et, dans les faits, elle existe depuis la création du multiculturalisme canadien. En revanche, il serait erroné de croire que les récentes critiques du multiculturalisme qu'on a vues au Québec depuis le début du XXIe siècle sont un phénomène exclusivement québécois. La critique du multiculturalisme s'inscrit plutôt dans une mouvance mondiale populiste. Elle est particulièrement vive dans les pays qui ont connu, contrairement au Québec, de très graves problèmes, notamment celui de terroristes islamistes nés sur le sol national. La critique du multiculturalisme est apparue ces dernières années dans la plupart des démocraties occidentales. Les partis d'extrême droite ont fait de la lutte contre le multiculturalisme l'un de leurs principaux chevaux de bataille.

Toutefois, cette lutte n'est plus uniquement défendue par l'extrême droite. Plusieurs dirigeants européens ont décidé de réinvestir ce débat d'actualité qui était, il n'y a pas si longtemps, accaparé par les partis d'extrême droite. Entre octobre 2010 et février 2011, les dirigeants des trois plus grands pays de l'Union européenne, soit la chancelière allemande Angela Merkel, le Premier ministre britannique David Cameron et le président français Nicolas Sarkozy, ont vigoureusement condamné le multiculturalisme[25]. Subissant tous les pressions

---

25 Le terme « multiculturalisme » est utilisé de bien des manières et il prend des significations différentes selon les personnes et les pays. Ainsi, dans le cas d'Angela Merkel, de David Cameron et de Nicolas Sarkozy, il est loin d'être évident qu'ils parlaient du même « multiculturalisme » et il est encore moins évident que ce multiculturalisme soit semblable à celui que l'on trouve au Québec et au Canada. Dans le cas de la France, par exemple, bien qu'elle soit une société multiculturelle, il n'y a pas de politique proche du multiculturalisme. Il n'y a pas de reconnaissance publique des

des forces populistes, ils ont évoqué la responsabilité du multiculturalisme dans le délitement social et la menace qu'il faisait peser sur l'identité originelle des nations. Cette accusation relève le malaise identitaire actuel provoqué par l'évolution démographique d'un continent vieillissant, sous l'effet d'une immigration qui provient désormais, dans sa quasi-totalité, de pays non-européens.

Dans plusieurs pays du monde, on a l'impression que le multiculturalisme a échoué, qu'il n'a pas livré ses promesses. Selon plusieurs populistes, la solution serait donc d'éliminer le multiculturalisme. Encore une fois, les populistes pensent que l'on peut régler un problème complexe par une solution simple. Ainsi, rejeter le multiculturalisme est une chose, mais c'en est une autre que de rejeter en même temps le pluralisme ainsi que le respect et la gestion de la diversité.

Le multiculturalisme a d'abord été synonyme de liberté et d'émancipation, et il prenait généralement la forme d'une revendication progressiste. Puis, d'après plusieurs indices, un glissement semble s'être produit. Ce n'est plus tant une revendication progressiste qu'une revendication conservatrice. Le multiculturalisme est devenu synonyme de défense des traditions et des intérêts particuliers des communautés.

En effet, ce glissement vers le conservatisme s'observe aisément. Ces dernières années, le multiculturalisme a trop souvent été associé à la mise en valeur d'héritages culturels plus que discutables, des héritages dont on ne cherche pas

communautés, il n'y a pas d'exception particulière au droit sur le statut des personnes qui appartiennent à ces communautés. La France se distingue par un modèle républicain qui a tourné le dos à ce genre de politique. Ainsi, puisqu'il y a plusieurs sortes de multiculturalismes, il serait plus juste de dire « multiculturalisme canadien » lorsque l'on parle de la situation québécoise.

à savoir si les individus concernés choisissent les pratiques après avoir eu la possibilité d'en faire un examen critique. Autrement dit, le multiculturalisme peut devenir un moyen d'enfermer des citoyens dans la prison d'une tradition. Il ne faut pas confondre défense des libertés et défense des traditions. Plusieurs immigrés vivent au Québec de façon très conservatrice comme si leur immigration ne s'était pas accompagnée d'une libération culturelle. La liberté de décision d'adopter ou non telle ou telle tradition culturelle est souvent limitée dans certaines communautés par le poids des traditions. Censé encourager la diversité culturelle, le multiculturalisme donne parfois l'impression qu'il permet d'encourager le conservatisme culturel en amenant des individus à se refermer sur leurs traditions culturelles.

Si le multiculturalisme devient la défense des traditions et des religions plutôt qu'un moyen de mener à une société ouverte où les individus décideront de leur destin, c'est un échec. Si le multiculturalisme encourage le communautarisme plutôt que l'interculturalisme, c'est un échec. S'il encourage indirectement les mouvements sexistes, homophobes, réactionnaires et même intégristes, c'est également un échec. S'il encourage le conservatisme plutôt que le progressisme, c'est encore un échec. Ainsi, le multiculturalisme donne la liberté, mais il serait naïf de croire que les membres des communautés ne subissent pas des pressions communautaires ou religieuses.

Ce sentiment est accentué lorsque le multiculturalisme donne l'impression, à tort ou à raison, que les immigrés peuvent être au-dessus des lois de leur pays d'accueil en ce qui concerne des sujets aussi délicats que l'égalité des genres. Il existe une frustration chez la majorité, qui a l'impression que les minorités ont des droits et des avantages qu'elle-même n'a pas. Cette frustration s'accentue lorsque l'on donne l'impression de tolérer des manquements à la loi et aux droits de l'homme, au nom de la différenciation culturelle.

Le multiculturalisme a eu comme conséquence négative une certaine fragmentation du corps social. L'identité majoritaire et les identités minoritaires se trouvent confrontées, ce qui a provoqué, au Québec, une sorte d'effet boomerang du renforcement de l'identité majoritaire blanche, catholique et francophone. Ainsi, ceux qui conspuent le multiculturalisme en défendant le nationalisme identitaire se retrouvent à jouer le jeu de ceux qui défendent une vision conservatrice du multiculturalisme. De façon paradoxale, le national-populisme, en s'opposant au multiculturalisme, se retrouve par contrecoup à défendre des valeurs culturelles – ce qu'il reproche pourtant aux tenants du multiculturalisme –, mais cette fois-ci, des valeurs culturelles québécoises, des valeurs culturelles « bien de chez nous ».

Ainsi, on tente de faire redécouvrir au Québec son identité catholique, comme si la présence d'autres religions rappelait aux catholiques, qui le sont de moins en moins, une pratique et une foi oubliées. On laisse entendre que l'on a retiré le crucifix des institutions québécoises pour permettre d'y faire rentrer le kirpan, le voile, la kippa et le turban. C'est la majorité canadienne-française catholique qui serait de trop, qui devrait sortir de chez elle pour laisser entrer les minorités. On a vu des symboles catholiques que tout le monde avait oubliés reprendre leur importance; on pense notamment au débat sur la présence du crucifix à l'Assemblée nationale. L'identité catholique prend de plus en plus d'importance au Québec et le crucifix devient un symbole d'identité nationale. On assiste à une réapprobation de l'héritage catholique comme symbole d'appartenance à l'Occident. Un peu comme si le catholicisme était utilisé comme recours identitaire contre une menace. Le Québec retrouve son identité chrétienne et la brandit en rempart contre les autres religions qui se trouvent désormais sur son territoire. Ainsi, on remarque que l'existence de débats sur la place du religieux dans l'espace public n'entraîne pas toujours la défense de la laïcité, mais aussi parfois un repli dans le communautarisme identitaire. Par exemple, des parents se sont opposés à l'enseignement du cours « Éthique et culture religieuse » dans les écoles du Québec pour revenir à l'enseignement religieux de la catéchèse, et des militants nationalistes québécois souhaitaient l'abolition de ce cours parce qu'ils y voyaient un cheval de Troie du multiculturalisme puisque, selon eux, ce cours mettrait la religion majoritaire – le catholicisme – sur un pied d'égalité avec diverses autres doctrines religieuses. La croisade pieuse du maire de Saguenay, Jean Tremblay, en 2010 pour pouvoir commencer les séances de son conseil municipal par une prière en est une autre illustration.

Le même phénomène existe aussi au Canada avec le mouvement de retour aux symboles monarchistes qui s'est manifesté en 2011 après l'élection du gouvernement majoritaire conservateur du Premier ministre canadien Stephen Harper. Notamment, on a enlevé deux tableaux du peintre québécois Alfred Pellan dans le hall du ministère des Affaires étrangères, à Ottawa, pour les remplacer par un portrait de la reine Élisabeth II, du Royaume-Uni, et on a greffé l'adjectif « royale » à la marine et à l'aviation de l'armée canadienne. Cette vision, qui mise sur l'héritage britannique du Canada, plaît aux nombreux Canadiens qui ne se reconnaissaient pas dans le pays bilingue et multiculturel construit dans les années 1960 et 1970 par les Premiers ministres canadiens Lester B. Pearson et Pierre Elliott Trudeau. Durant ces années, l'Union Jack a été remplacé par le drapeau canadien, le *God Save the Queen* a perdu son titre d'hymne national canadien au profit du « Ô Canada » et les derniers liens constitutionnels et législatifs entre le Royaume-Uni et le Canada ont pris fin avec le rapatriement de la Constitution canadienne en 1982. Ce retour aux symboles monarchistes tend à démontrer qu'un Canada existait avant le bilinguisme, les vagues d'immigration et les politiques multiculturelles, et que ce Canada était de culture britannique, ce qui fait que, pour le montrer, la Couronne devient un symbole d'identité nationale. Le symbole de la Couronne britannique rappelle le Canada d'une époque où existaient l'homogénéité ethnique, l'unilinguisme et l'uniformité religieuse. Il sert à donner un sentiment d'appartenance nationale que le multiculturalisme non seulement n'a pas réussi à remplacer, mais a aussi contribué à effriter.

Cette crainte de la dissolution de l'identité québécoise, tout comme celle de l'identité canadienne – de même que la crainte de dissolution de l'identité nationale de la plupart des démocraties occidentales –, témoigne d'une angoisse nationale. La question de l'identité nationale apparaît quand la réponse ne va plus de soi. L'émergence de la question est le symptôme d'un doute identitaire. L'impression, due à l'immigration et à la mondialisation, de ne plus se sentir chez soi dans son propre pays. L'insécurité identitaire entraîne un sentiment d'angoisse qui pousse à la fermeture et au repli sur soi. Le doute identitaire favorise le retour d'une conception ethnicisée de la nationalité. Évidemment, l'angoisse identitaire québécoise est particulière puisque double : une première angoisse, proche de celle des mouvements populistes existant ailleurs dans le monde, est due à la présence d'identités minoritaires qui menaceraient son identité, et une seconde angoisse est due au fait que l'identité québécoise est elle-même une minorité – peu ou pas reconnue – au sein du Canada, de l'Amérique du Nord et même du monde. Ainsi, il ne faudrait pas tomber dans le piège d'associer systématiquement l'angoisse identitaire québécoise aux autres angoisses identitaires qu'on trouve dans d'autres démocraties et sur lesquelles surfent les populistes.

Au Québec comme ailleurs, une partie de la population se sent et se sentira laissée au bord du chemin dans un monde de plus en plus changeant. Un monde où l'on assiste au goût croissant pour le métissage, au cosmopolitisme, à l'augmentation des pulsions libertaires, à une impression de perte de l'identité québécoise traditionnelle et à un regard de plus en plus libéral sur le monde. Une partie de la population québécoise préfère se réfugier dans les valeurs du passé pour tenter de conjurer un avenir qui les angoisse. Ainsi, certains Québécois défendent le présent et le passé contre le changement, considèrent que « le Québec est de moins en moins le Québec », que « c'était mieux avant ». Cette partie de la population est inquiète de l'avenir, plus pessimiste, plus fermée. On assiste à un repli sur soi, à une volonté de mettre au pas tout ce qui semble entacher l'homogénéité québécoise, à une envie de revenir au monde d'avant, par nostalgie des normes d'antan. Un besoin de retourner au passé rural, traditionnaliste et religieux. On peut même se demander si le succès d'un groupe comme Mes Aïeux et leur chanson *Dégénération* en 2006-2007, les *remakes* de films comme *Séraphin* en 2002 ou *Aurore l'enfant martyre* et *Le Survenant* en 2005, ou même les cotes d'écoute relativement élevées des reprises des téléromans *Le Temps d'une paix* ou *Les Belles Histoires des pays d'en haut* ne sont pas étrangers à ce phénomène. C'est la nostalgie d'un prétendu âge d'or, d'un passé mythifié, comme si l'on voulait que rien n'ait changé.

Les cultures nationales existent, mais elles ne sont jamais pures ni closes sur elles-mêmes. Évidemment, le Québec d'aujourd'hui est plus multiculturel – au sens de diversité ethnique – qu'hier et il le sera sans doute encore plus demain.

La majorité canadienne-française, qui est issue de la colonisation française du XVIIe et du XVIIIe siècle, sera de moins en moins importante et son effritement se fera au profit d'une plus grande diversité ethnique, culturelle, religieuse et linguistique. Évidemment, l'immigration est en train de transformer le Québec, et cette transition, comme dans plusieurs démocraties occidentales, ne se fait pas sans douleur. Il entre en jeu des pulsions passionnelles. L'adaptation ne se fait pas facilement. On voit la population exprimer des inquiétudes et les décideurs publics doivent en tenir compte.

Cette critique du multiculturalisme canadien montre bien ses faiblesses, mais la réflexion ne doit pas s'arrêter là. Autrement dit, si le multiculturalisme canadien n'est sans doute pas l'outil idéal pour gérer la diversité, il faut tout de même trouver de nouvelles politiques publiques pour le remplacer puisque le pluralisme est désormais partie intégrante des sociétés d'aujourd'hui. C'est ce que les populistes semblent oublier ou font semblant de ne pas voir. Le principal problème de la critique populiste du multiculturalisme est qu'il ne propose pas de solution de rechange. On a trouvé un bouc émissaire et, comme trop souvent, les populistes cherchent un coupable plutôt qu'une solution. Évidemment, le coupable est toujours plus facile à accuser quand il est minoritaire.

Qu'on parle de multiculturalisme ou même de laïcité, de sécurité et d'identité nationale, ce que l'on dénonce vraiment, c'est l'immigration. Les populistes de partout dans le monde sont en train d'alimenter les inquiétudes populaires quant à la présence de l'autre, de l'étranger, de l'immigré.

Les bureaucrates et les technocrates considéraient que l'immigration était une bonne chose pour les citoyens. Pourtant, les problèmes démographiques causés par une augmentation de l'espérance de vie, par le déséquilibre de la population active et inactive ainsi que par le faible taux de natalité ne semblent plus être des arguments suffisants pour convaincre la population des bienfaits de l'immigration. Pas plus que l'argument voulant que, dans un monde où la bataille pour les compétences fait fureur, chaque pays se fasse concurrence pour attirer, via ses politiques et programmes d'immigration, les meilleurs cerveaux de la planète.

Le sociologue québécois Gérard Bouchard, coprésident de la Commission Bouchard-Taylor sur les pratiques d'accommodements liés aux différences culturelles, a déclaré que les intellectuels n'avaient pas prévu la crise des accommodements raisonnables parce qu'ils avaient « postulé que la diversité était bonne et enrichissante pour le Québec sur le plan culturel ». Il ajouta : « Mais on ne l'a pas démontré avec les études nécessaires. Nous étions certains que personne ne voudrait soutenir la position contraire[26]. » Face à ce phénomène sociologique, si déplorable soit-il, il faut se demander comment on en est arrivé là, quels sont les facteurs et comment il faut s'y prendre pour réussir l'immigration. Il faut aussi se demander s'il y a un problème d'immigration ou s'il n'y aurait pas plutôt un problème de xénophobie et de racisme.

À une autre époque, l'extrême droite associait immigration et chômage. On misait sur une équation aberrante – et complètement fausse – qui liait le chômage et l'immigration. En France en 1981, le Front national a même utilisé une affiche où l'on pouvait lire « 2 000 000 de chômeurs, c'est 2 000 000 d'immigrés de trop. La France et les Français d'abord[27] ».

---

26 Cité dans ROBITAILLE, Antoine, « Bouchard à court d'arguments pro-diversité », *Le Devoir*, 17 août 2007.

27 En 1978, on avait utilisé la même affiche, mais avec 1 000 000 de chômeurs.

Aujourd'hui, ce n'est plus tant pour les emplois qu'on s'inquiète. L'immigré est passé du statut de « voleur de jobs » à celui de « voleur d'identité nationale ». Le discours populiste déborde en effet de la traditionnelle inquiétude, pour une certaine partie de la population, de voir échapper des emplois qu'elle aurait pu obtenir au profit d'immigrés. D'ailleurs, le risque semble aujourd'hui de plus en plus grand de voir partir ces emplois vers l'étranger, dans les pays d'origine des immigrés, en raison des délocalisations d'usines et de manufactures vers les pays en voie de développement. Il s'agit désormais davantage de la peur de perdre son identité « chez soi » au profit d'une autre culture dont les fondements religieux sont en contradiction avec une conception occidentale, moderne et libérale, de la vie individuelle et sociale. On assiste à une chasse de l'ennemi intérieur qui mettrait en danger la nation et son identité nationale. Le populisme, c'est aussi cet appel au peuple à se mobiliser pour maintenir son intégrité face au danger représenté par l'immigration et par le multiculturalisme, mais aussi par les élites vues comme responsables de cette immigration et du multiculturalisme.

Il est vrai que la réduction des distances par la télévision, le téléphone, Internet et l'abaissement du coût des transports a créé une tout autre situation que celle dans laquelle se trouvaient les centaines de milliers d'Irlandais, d'Écossais, d'Anglais, d'Allemands et de Scandinaves qui ont débarqué dans le port de Québec au XIXᵉ siècle pour ensuite immigrer dans les différentes villes d'Amérique du Nord. Autrefois, les migrations terrestres et les voyages maritimes en direction de pays lointains avaient de bonnes chances d'être définitifs. En fait, peu de gens retournaient dans leur pays natal. Jusqu'à tout récemment, il était à peu près impossible pour les immigrés de garder un vrai contact avec leur pays d'origine, ne serait-ce que dû aux moyens de communication et de transport qui n'étaient pas aussi développés qu'aujourd'hui. On quittait son pays d'origine à jamais pour adopter un nouveau pays pour toujours. L'immigration impliquait donc une rupture culturelle. Les développements technologiques, jumelés au multiculturalisme et au respect des cultures, ont changé la donne. Que ce soit par la télévision, le téléphone, Internet ou les voyages aériens bon marché, il est désormais facile de rester en contact avec son pays d'origine. La situation n'étant plus la même, c'est pourquoi un débat sur l'immigration et la gestion de la diversité s'impose. Ce débat doit cependant se faire en évitant de tomber dans le populisme. Il doit se faire en défendant la raison et non pas la prétendue opinion de la majorité silencieuse.

LA MAJORITÉ SILENCIEUSE

« And in the naked light I saw
Ten thousand people, maybe more
People talking without speaking
People hearing without listening
People writing songs that voices
never share
And no one dared
Disturb the sound of silence »

SIMON AND GARFUNKEL,
The Sound of Silence.

Qui est la majorité silencieuse ? Et pourquoi ne parle-t-elle pas ? Bien souvent, on a l'impression que la majorité silencieuse relève du fantasme du populiste. C'est en fait une image virtuelle de la volonté populaire, créée par les populistes. On peut aussi créer l'image du consensus populaire en se servant des sondages ou en invoquant simplement les fantasmes d'un « peuple ». Très souvent, en fait, on dit que telle ou telle opinion est celle de la majorité silencieuse pour l'opposer à l'opinion des élites, ce qui permet parfois, par un phénomène d'identification, de rendre l'idée plus populaire.

En s'en rapportant à la majorité silencieuse, on veut éliminer tous les interférents entre le peuple et les élites, que ce soient

les leaders d'opinion, les journaux, les associations et parfois
même les partis politiques. La majorité silencieuse a toujours
eu un grand succès en politique, notamment aux États-Unis.
Le vice-président américain Spiro Agnew parlait de la « Great
Silent Majority ». Plus tard, le président américain Ronald
Reagan aura un grand succès électoral en invoquant la majorité
silencieuse.

La majorité silencieuse est devenue un populisme. C'est un
concept qui prétend réduire à un dénominateur commun toute
pensée et tout sentiment. Cette majorité silencieuse serait
homogène dans sa culture, dans son identité et dans ses valeurs.
Qu'elle soit une intuition ou le résultat d'un sondage, elle
est censée représenter, comme l'écrivait le philosophe anglais
Thomas Hobbes, « une certaine personne, à laquelle on peut
attribuer une seule volonté, et une action propre[28][...] ».

En juillet 2010, à propos du recensement fait par Statistique
Canada – dont le gouvernement conservateur du Premier
ministre Stephen Harper venait d'éliminer le questionnaire
long –, le député Maxime Bernier a déclaré : « Mais nous ne
sommes pas au gouvernement pour faire plaisir aux groupes de
pression. Nous sommes là pour la majorité silencieuse[29]. » Dans
une tribune du quotidien montréalais *La Presse* du 23 juillet
2010, il en rajouta en écrivant : « En tant qu'élu, je représente la
population dans son ensemble, et non les groupes d'intérêts et
les élites qui peuvent se faire entendre facilement[30]. » En février

---

28   HOBBES, Thomas, *Du Citoyen. Principes fondamentaux de la philosophie
      de l'État*, Paris, Le livre de poche, 1996, p. 194.

29   BUZZETTI, Hélène, « Les députés conservateurs veulent s'expliquer
      en comité », *Le Devoir*, 19 juillet 2010.

30   BERNIER, Maxime, « Des questions importunes », *La Presse*, 23 juillet 2010.

2011, à propos de l'utilité de la loi 101[31] au Québec, Maxime Bernier a déclaré qu'il est « troublant qu'il n'y ait personne sur la scène politique québécoise pour représenter cette majorité silencieuse qui voudrait moins de lois contraignantes et plus d'incitations positives pour promouvoir l'utilisation du français tout en s'ouvrant à l'anglais. Que peut-on conclure, sinon que c'est une indication claire que notre vie politique a quelque chose de dysfonctionnel[32] ? » Souvent, on s'en rapporte à la « majorité silencieuse » pour, en fait, dénigrer les élites en général, les élites intellectuelles en particulier. Ainsi, on dit s'exprimer au nom du peuple, des petits et des sans-voix, contre les élites et les gens importants.

Qui sont les groupes de pression, les groupes d'intérêts et les élites dont parle Maxime Bernier ? Ce sont généralement des citoyens engagés. Des citoyens engagés, mais des citoyens quand même. Le gouvernement ne travaillerait donc pas pour eux. Autrement dit, selon ce député qui a déjà été ministre des Affaires étrangères du Canada, le gouvernement travaillerait pour les citoyens silencieux. Selon cette logique, la voix des citoyens ne devrait se faire entendre que le jour du vote, et autrement elle devrait rester silencieuse. Et comment fait-on pour connaître l'opinion de la majorité si elle est silencieuse ? En fait, la majorité silencieuse est un concept politique populiste. C'est une façon de s'adresser directement au peuple en évitant la société civile.

---

31 La loi 101, soit la Charte de la langue française, définit les droits linguistiques de tous les citoyens québécois en faisant de la langue française la langue officielle du Québec.

32 SIMARD, Valérie, « Les propos de Maxime Bernier sur la loi 101 dénoncés », *La Presse*, 5 février 2011.

Mais pourquoi tenter d'éviter la société civile ? Après tout, selon l'écrivain français Alexis de Tocqueville, la démocratie et la société civile forment un couple indissociable. De fait, la société civile a un rôle essentiel de veille et d'alerte auprès des institutions et de l'opinion. Cependant, selon les populistes, la société civile menacerait le peuple. Elle aurait un droit de parole trop important et, surtout, une opinion qui ne représenterait pas celle du peuple. Les populistes tentent par tous les moyens de l'éliminer pour interagir directement avec le peuple. Ce peuple qui ne prendrait pas la parole, ce peuple qu'ils appellent la majorité silencieuse.

Le concept de majorité silencieuse est utilisé à la fois par les politiciens populistes, les intellectuels populistes et les médias populistes. Ce concept permet de s'adresser directement à la foule en la désignant comme la majorité silencieuse. En s'adressant à la foule comme majorité silencieuse, on lui dit qu'elle n'appartient pas à l'élite et que, pour cette raison, elle doit penser autrement que l'élite. On lui dit : « Donc, si l'élite pense ci, vous devez penser ça. » S'en rapporter à la majorité silencieuse est non seulement démagogique, mais c'est aussi une façon efficace de manipuler les foules.

Qui plus est, on est loin du débat politique ou du débat intellectuel courageux qui consisterait à convaincre, grâce à de la réflexion et à des arguments, que les opinions que l'on défend vont dans le sens de la raison et de l'intérêt général. En s'en rapportant à la majorité silencieuse, non seulement on tombe dans la démagogie, mais, surtout, on risque de décrédibiliser les idées que l'on tente de défendre.

La complexité des enjeux du monde actuel et l'internationalisation des problèmes condamnent toute prise de position simpliste. En revanche, à cause de la complexification des sociétés d'aujourd'hui, il devient difficile pour le citoyen lambda de comprendre l'ensemble des enjeux et de faire un choix – ou un vote – éclairé. Devant des enjeux insaisissables pour le citoyen lambda, ou bien on se contente de solutions simplistes ou bien on fait confiance aux politiciens. Les élites, les élites politiques en particulier, doivent retrouver la confiance des citoyens. Il en va de même pour les élites intellectuelles, qui souffrent elles aussi d'une crise de confiance.

CHAPITRE 2

LE POPULISME INTELLECTUEL

> « *Quelle longue étude, que de notions diverses sont nécessaires pour se faire une idée exacte du caractère d'un seul homme ! Les plus grands génies s'y égarent, et la multitude y réussirait ! Le peuple ne trouve jamais le temps et les moyens de se livrer à ce travail. Il lui faut toujours juger à la hâte et s'attacher au plus saillant des objets. De là vient que les charlatans de tous genres savent si bien le secret de lui plaire, tandis que, le plus souvent, ses véritables amis y échouent.* »
>
> ALEXIS DE TOCQUEVILLE,
> *De la démocratie en Amérique.*

Ce ne sont pas seulement les élites politiques qui se font reprocher d'avoir perdu le contact avec la population, ce sont aussi les élites journalistiques, bureaucratiques, technocratiques et académiques, bref, les élites intellectuelles. Le populisme, c'est aussi la haine des élites, notamment des intellectuels.

Qui plus est, encore une fois, il existe un problème de confiance. La défiance s'est installée petit à petit. Désormais, il est extrêmement difficile d'avoir confiance en l'autre. C'est vrai sur la scène politique, où on ne fait plus confiance aux politiciens, et c'est aussi vrai sur la scène intellectuelle, où on ne fait plus confiance aux experts. Ces derniers suscitent désormais le scepticisme, la méfiance et l'incrédulité.

Comment avoir confiance – et à qui faire confiance – dans un monde qui change si vite ? L'évolution technologique, scientifique et économique fait en sorte que les enjeux politiques sont de plus en plus complexes. Le progrès technico-scientifique est si rapide et si complexe qu'il condamne même les savants les plus réputés à être de plus en plus spécialisés. Les disciplines se sont spécialisées et, par le fait même, isolées. Elles ont érigé des barrières entre elles pour se diviser en tribus. Le jargon de la physique et celui de la science politique isolent les physiciens des politologues. La complexification et la spécialisation des sciences font en sorte que les universitaires se retrouvent de plus en plus dans des groupes hermétiques. Ainsi, la culture générale a fait place à la culture spécialisée. Cette spécialisation a transformé la famille universitaire en une famille divisée, sinon éclatée.

La première conséquence de ce phénomène, c'est que le citoyen doit, plus que jamais, s'en remettre à la compétence des experts. À moins d'avoir des connaissances très poussées dans un domaine très précis, il est dépassé. Plus que jamais, il est obligé de croire ce que disent les experts et de faire confiance à leurs compétences. En revanche, et paradoxalement, l'antiélitisme pousse au scepticisme envers les spécialistes, à la méfiance envers l'expert.

Déjà au XIXe siècle, l'écrivain français Alexis de Tocqueville l'avait pressenti dans *De la démocratie en Amérique* : « Il n'y a pas de si grand philosophe, qui ne croie un million de choses sur la foi d'autrui et qui ne suppose beaucoup plus de vérités qu'il n'en établit [...] Il faut donc toujours, quoi qu'il arrive, que l'autorité se rencontre quelque part dans le monde intellectuel et moral. Sa place est variable mais elle a nécessairement sa place[33]. » Encore aujourd'hui, et peut-être même plus que jamais, cette analyse reste d'actualité. Le citoyen veut soumettre toute vérité et toute décision à sa critique, quand ce n'est pas sa méfiance envers toute autorité intellectuelle, mais, parallèlement, il est condamné à croire non plus « un », mais plusieurs « million[s] de choses sur la foi d'autrui ». Il existe un paradoxe voulant que l'autonomie intellectuelle n'ait jamais été aussi affirmée, mais, parallèlement, les jugements de chaque individu reposent de plus en plus sur la confiance qu'il doit accorder à autrui en raison de la complexité des enjeux contemporains.

Depuis toujours, les sociétés démocratiques font face à un paradoxe : tous les citoyens sont égaux, mais toutes les compétences ne le sont pas. Déjà, dans la première moitié du XXe siècle, l'économiste autrichien Joseph Schumpeter s'inquiétait du fait que les sociétés devaient faire face à des questions de plus en plus complexes et redoutait une incompétence croissante du citoyen.

Les citoyens qui entendent exercer leur pleine autonomie intellectuelle et juger de tout par eux-mêmes ne savent plus à qui faire confiance. Ils estiment que leur opinion vaut bien celle de tous les autres. Quand toutes les opinions sont égales et que c'est celle du plus grand nombre qui prévaut, c'est la liberté d'esprit qui est menacée, avec toutes les conséquences négatives que l'on peut imaginer. Tout est opinion, observait déjà Alexis de Tocqueville au XIXe siècle.

---

33 TOCQUEVILLE, Alexis de, *De la démocratie en Amérique*, tome II, première partie, chapitre II.

Qui plus est, tout discours fait par un expert est désormais suspect, non parce qu'il est illogique ou dénué de sens, mais justement parce qu'il est fait par un expert. L'antiélitisme pousse à une méfiance envers les experts. Le journaliste du *New York Times* David Brooks remarque qu'au cours des dernières années, toute idée associée aux classes instruites est devenue de plus en plus impopulaire[34]. Ainsi, il donne l'exemple du concept de réchauffement climatique, du droit à l'avortement et du contrôle des armes à feu, qui deviennent impopulaires parce que ces idées sont soutenues par les classes instruites.

La méfiance est désormais bien en selle dans tous les domaines. Toutes les certitudes sont maintenant remises en doute. On se méfie des experts comme des scientifiques. Face à la science, le scepticisme est de mise.

---

34   BROOKS, David, « The Tea Party Teens », *New York Times*, 4 janvier 2010.

LA SCIENCE ET LES SCEPTIQUES

« Il est impossible, quoi qu'on fasse,
d'élever les lumières du peuple au-dessus
d'un certain niveau. On aura beau faciliter
les abords des connaissances humaines,
améliorer les méthodes d'enseignement
et mettre la science à bon marché, on ne
fera jamais que les hommes s'instruisent
et développent leur intelligence sans y
consacrer du temps. »

ALEXIS DE TOCQUEVILLE,
De la démocratie en Amérique.

Cette méfiance envers les experts et les scientifiques nous amène à remettre en question leurs théories. À titre d'exemple, on peut penser au réchauffement climatique. À moins d'avoir des connaissances scientifiques très poussées dans ce domaine, le citoyen est condamné, pour se forger une opinion, à dépendre de ceux qui ont un avis fondé sur l'évolution du climat et sur le destin de la planète. Paradoxalement, époque oblige, le citoyen affirme avec fierté son individualité et son autonomie intellectuelle. Tout le monde a une opinion sur tous les sujets et veut la donner. Ainsi, malheureusement pour l'environnement, la méfiance s'est insinuée dans les débats sur l'écologie.

Il ne s'agit pas de souhaiter que l'on ait une confiance aveugle envers les experts. Ainsi, il est normal de critiquer et même d'être sceptique devant le Groupe d'experts intergouvernemental sur l'évolution du climat (GIEC). Son prix Nobel, obtenu conjointement avec l'ancien vice-président américain Al Gore en 2007, ne lui épargne pas la critique. À preuve, on a soulevé quelques erreurs et inexactitudes dans ses travaux de recherche, et sa crédibilité s'est graduellement émoussée au fur et à mesure que certains de ses membres ont confondu la science et le militantisme. La science n'est pas un combat politique. Certains chercheurs ont en effet mis de côté l'objectivité que commande leur fonction afin de contrer les climatosceptiques. C'est ce qui fait qu'on a parlé d'un « climategate ». L'InterAcademy Council (IAC) a rendu un rapport en 2010 qui constatait que le fonctionnement du GIEC était parfois lacunaire. Toutefois, le GIEC a reconnu ses erreurs et en a expliqué l'origine. C'est justement parce qu'il a reconnu ses erreurs que l'organisation devrait inspirer confiance. Les données scientifiques, comme toutes les données d'ailleurs, ne sont pas infaillibles. L'environnement n'est pas une science exacte. Ce qu'on pensait à un certain moment, on peut se rendre compte, au fur et à mesure de l'avancement des connaissances, que c'était une fausse bonne idée. La recherche scientifique est faite d'hypothèses, d'expériences, de contrôles et de preuves de falsification. Évidemment, les scientifiques peuvent se tromper et, même s'ils pratiquent la même discipline, être en désaccord entre eux. Non seulement le débat scientifique est sain, mais il est essentiel à l'avancement de la science.

En revanche, on a remarqué que certains scientifiques, ou même certains politiciens et commentateurs médiatiques, sont tombés dans le populisme pour défendre leurs idées climatosceptiques. Au nom d'une valeur incontestable, la liberté de recherche, ils ont remis en cause le réchauffement climatique, mais, au lieu d'argumenter en s'appuyant sur des recherches scientifiques, ils ont préféré se poser en victimes d'une prétendue pensée unique, verrouillée par les élites scientifiques, qu'ils tentent ainsi de décrédibiliser. L'antiélitisme affaiblit la science.

La vérité existe-t-elle en science ? La forme qui s'y rapproche le plus est la recherche patiente, modeste, fondée sur le travail et la réflexion, une recherche permettant d'atteindre non pas une vérité absolue, mais des vérités partielles et provisoires, qui relèvent du développement de la connaissance rationnelle. Une vérité scientifique n'est jamais complète et est toujours éphémère. Ce qui est scientifiquement vrai aujourd'hui ne le sera peut-être pas demain en fonction de l'évolution des recherches scientifiques. La recherche, suite à des critiques et des corrections, finit par entrainer l'accord de la majorité des scientifiques. La science progresse grâce à des travaux novateurs et fondamentalement corrects, laissant de côté tout ce qui est médiocre et a fortiori tout ce qui est incorrect, voire dénué de sens. La science refuse le relativisme absolu et l'idée que tout se vaut. Il est vrai que les combats ne sont jamais définitivement gagnés. Par exemple, le créationnisme est encore parfois enseigné dans certaines écoles comme une option scientifique parmi d'autres. Selon un sondage Angus Reid de 2010[35], aux États-Unis, seulement 35 % de la population croient à la théorie de l'évolution et 47 % croient au créationnisme. Au Canada, ce sont 61 % qui croient à la théorie de Darwin, 24 % à la version de la Genèse et 15 % qui disent ne pas savoir[36]. Cependant, rares sont ceux qui prétendent encore que la terre est plate

---

35   BUZZETTI, Hélène, « Le créationnisme, une affaire d'Américains...
et d'Albertains », *Le Devoir*, 16 juillet 2010, p. A1.

36   Au Canada en 2009, le ministre des Sciences et de la Technologie,
Gary Goodyear, a refusé de dire s'il adhérait ou non à la théorie de l'évolution,
parce que cela relève de sa « religion ». – MCILROY, Anne, « Science
minister won't confirm belief in evolution », *Globe and Mail*, 17 mars 2009.

et immobile; après plusieurs siècles, les idées des astronomes Copernic et Galilée ont réussi à faire consensus.

Nul besoin d'avoir des connaissances scientifiques très poussées pour savoir que la question du réchauffement climatique est extrêmement complexe. C'est pourquoi il est choquant d'entendre des populistes dire « It's cold outside, so where is the global warming[37] ? » Ce sont évidemment des questions trop complexes pour être débattues avec des arguments si simples. Dans un monde complexe, le « gros bon sens » ne peut tout résoudre, n'en déplaise aux populistes.

On remarque aussi que remettre en question le réchauffement climatique est devenu une caractéristique des mouvements populistes, que ce soit le Tea Party, aux États-Unis, ou même le Réseau Liberté Québec, au Québec. C'est aussi le cas de certains politiciens de cette même tendance, notamment le député Maxime Bernier du Parti conservateur du Canada[38.]

Aux États-Unis, le mouvement Tea Party manifeste plus qu'une méfiance envers le réchauffement climatique; c'est en fait une méfiance envers la science en général. Par exemple, la politicienne américaine Christine O'Donnel, égérie du mouvement Tea Party avec la candidate à la vice-présidence Sarah Pailin, a fait en 2010, lors de la campagne pour les élections législatives de mi-mandat, de multiples affirmations allant à l'encontre des théories scientifiques officielles, disant que la théorie de l'évolution de Darwin était erronée parce

---

37 Cette phrase a été le slogan politique du milliardaire américain Donald J. Trump lorsqu'il songeait à se présenter aux primaires républicaines en 2011.

38 À ce propos, voir son article : BERNIER, Maxime, « Une position sage », *La Presse*, 29 février 2010.

qu'on ne voyait pas de singes se transformer en humains ou que des scientifiques avaient créé des souris fonctionnant avec des cerveaux humains. En fait, on assiste de plus en plus à une méfiance, quand ce n'est pas la haine, envers les experts. Dans le cas du mouvement Tea Party, cela va au-delà de l'obsession anti-gouvernement qui caractérise la droite américaine. Il y a non seulement une détestation des élites, mais une détestation des spécialistes, des experts, bref, de tout ce qui prétend monopoliser un savoir ou un pouvoir. Dans ce cas-ci, on assiste à une folie libertaire qui dépasse le populisme de l'extrême droite traditionnelle. Ces gens-là pourraient faire des émules en Europe ou au Québec. Dans le cas du Québec, le Réseau Liberté Québec en est peut-être l'embryon.

Comme on l'a reproché au Groupe d'experts intergouvernemental sur l'évolution du climat, la science et le militantisme ne doivent pas être confondus. Ce principe vaut aussi pour plusieurs *think tanks*[39] qui font des recherches dans différents domaines et tentent d'influencer les politiques publiques. Cela ne les empêche pas, bien au contraire, de prendre part au débat public, mais – sans enlever de valeur à leurs recherches et à leurs études – il serait souhaitable de ne pas perdre de vue que leur démarche relève du militantisme. On tente de défendre une idée, de promouvoir une idéologie, à l'aide d'études et de recherches. Les *think tanks* permettent, en marge du pouvoir politique et des partis politiques, l'élaboration de réflexions politiques et de discours stratégiques. Ils jouent un rôle essentiel en démocratie comme complément des partis politiques. Un rôle majeur, mais un rôle politique plutôt que scientifique. Il existe des *think tanks* de gauche comme des

---

39 *Think tank* signifie littéralement « réservoir intellectuel » ou, pour utiliser un anglicisme, « boîte à penser ». Aucune traduction française n'est toutefois satisfaisante.

think tanks de droite, ces organisations militantes couvrant la totalité du spectre idéologique. En revanche, on observe que la plupart des *think tanks* nés et actifs au cours des dernières années sont généralement soit proches de la pensée économique libertarienne, soit proches des valeurs traditionnelles (famille, religion, nation); autrement dit, proches des idées et des valeurs populistes. Les idées et les valeurs populistes ont pu prendre de plus en plus de place dans le débat public grâce au travail de ces *think tanks* et aussi parce que ceux qu'on pourrait qualifier de « progressistes » se sont faits plus discrets. Ainsi, il est logique de croire que plusieurs *think tanks* ont été des acteurs de la récente émergence du populisme.

Le populisme est une nuisance pour la science. Cependant, en plus de prôner la méfiance envers les scientifiques et les experts, il tente parfois de donner l'impression que les élites sont malintentionnées, qu'elles essaient de tromper la population en mettant de l'avant un certain savoir. Il s'agit de créer l'impression qu'il existe un complot des élites contre le peuple.

LES THÉORIES DU COMPLOT

« On nous cache tout, on nous dit rien
Plus on apprend plus on ne sait rien
On nous informe vraiment sur rien »

JACQUES DUTRONC,
On nous cache tout, on nous dit rien.

Nous serions victimes d'un vaste complot des élites. Cette paranoïa, qu'on pourrait appeler de façon générale la théorie du complot, fait tout remettre en doute et peut même aller jusqu'au négationnisme. Dans toutes les démocraties occidentales, il existe chez le peuple cette impression qu'on tente de tout lui cacher, et qui ne relève pas tant d'un désir de transparence, mais plutôt de la paranoïa. La profonde conviction qu'il existe un complot des élites qui désirent contrôler, manipuler, voire nuire à la population. C'est l'obsession du complot et de la conspiration.

Cette thèse conspirationniste, exploitée par des séries télévisées telles que l'émission américaine *The X-Files* (*Aux frontières du réel*) et des romans tels que *The Da Vinci Code* (*Le Code Da Vinci*) du romancier américain Dan Brown, est omniprésente dans les sociétés occidentales. Les sites Internet du type WikiLeaks, du cyberactiviste australien Julian Assange, dont on a vu l'apparition en 2010, participent de cette même logique. Ces sites, qui se sont faits une spécialité de la fuite d'informations, rencontrent un succès grandissant sur le Web. On en a même vu apparaître en 2011 une version québécoise nommée QuébecLeaks.

Loin de calmer le conspirationnisme, qui s'entretient par la certitude que la vérité est toujours ailleurs, des sites comme Wikileaks le renforcent. La révélation d'informations jusque là cachées devient dans les esprits la forme subtile et perverse que prend le grand complot. Surtout lorsque l'on découvre que ce qu'on a appris se disait déjà dans les bars et près des machines à café des bureaux. Ainsi, par suite des fuites de WikiLeaks, d'autres théories du complot se développent, notamment que les fuites étaient un leurre, que la Maison-Blanche en est à l'origine et que les grands journaux qui les ont publiées – *The New York Times, Le Monde, The Guardian, El Pais* et *Der Spiegel* – sont à la fois manipulés et complices. Cependant, aussi paradoxal que cela puisse paraître, croire qu'il y a des choses cachées est moins grave pour la santé des démocraties que l'inverse, car ne pas le croire reviendrait à ne plus croire au politique et à son exercice.

Mais qu'est-ce que la théorie du complot ? C'est le sentiment populaire qu'on dispose enfin de la vérité que les élites tentent de dérober. Les théories du complot veulent expliquer l'histoire par des manipulations cachées qu'opéreraient les élites. Ce qui est intéressant également, c'est le lien qu'il faut faire avec la méconnaissance de ce dont on parle et le sentiment, corrélatif à cette méconnaissance, de détenir la vérité au sujet de ce qu'on ne connaît pas. C'est-à-dire qu'il y a ici un lien entre la méconnaissance et le sentiment de savoir.

Les théories du complot ont sans doute toujours existé. On en a trouvé des échos au cours des dernières années avec le mouvement négationniste, les rumeurs autour de l'assassinat du président américain John Fitzgerald Kennedy à Dallas en 1963, ou même chez ceux qui croient que les évènements du 11 septembre 2001 à New York et à Washington n'ont jamais existé ou qu'ils auraient été orchestrés par le gouvernement américain. Il y a également des théories du complot qui prétendent que l'on n'aurait jamais marché sur la Lune (cela aurait été fait dans des studios de cinéma) ou que le sida serait une invention de l'homme pour exterminer une partie de la population. On peut aussi penser aux théories voulant que la grippe A H1N1 soit une invention de groupes pharmaceutiques avides de profits et que le vaccin aurait pu contrôler les citoyens. Certains arguments du mouvement climato-sceptique vont aussi dans cette même logique.

On a vu aux États-Unis, après l'élection de Barack Obama à la présidence, le phénomène des « Birthers », des citoyens croyant que le président ne serait pas né en sol américain. Ce mouvement s'imagine toutes sortes de complots voulant que Barack Obama soit un étranger qui chercherait à détruire les États-Unis, un ennemi intérieur avec un agenda islamique et socialiste. Plusieurs, dont le milliardaire américain Donald J. Trump en 2011, ont fait des appels publics pour qu'il publie son certificat de naissance, ce que Barack Obama s'est finalement résolu à faire. En plus d'être une illustration de la théorie du complot, cet évènement a tristement illustré le ressentiment qui existe aux États-Unis à l'égard de l'étranger.

Les discours conspirationnistes sont une conséquence de l'antiélitisme. Puisque ces discours s'opposent à ceux des élites, on assiste à la délégitimation des paroles officielles.

Tout ce qui est « thèse officielle » est identifié comme louche, quand ce n'est pas mensonger. L'indispensable critique sociale est embarquée dans une dynamique généralisée de déréalisation.

Le rôle des élites en général et des intellectuels en particulier est aussi de ne pas rendre les armes devant un conspirationnisme qui fait florès depuis le 11 septembre 2001. Il ne faut jamais oublier que le conspirationnisme est une des racines du totalitarisme et qu'il a conduit à de singulières régressions de la démocratie. Malheureusement, plusieurs intellectuels oublient leur rôle et se font le relais de ces thèses conspirationnistes. En fait, on a parfois l'impression qu'il y a de plus en plus d'intellectuels populistes.

LES INTELLECTUELS POPULISTES

> « *Il n'y a, en général, que les conceptions*
> *simples qui s'emparent de l'esprit du peuple.*
> *Une idée fausse, mais claire et précise, aura*
> *toujours plus de puissance dans le monde*
> *qu'une idée vraie, mais complexe.* »
>
> ALEXIS DE TOCQUEVILLE,
> *De la démocratie en Amérique.*

Dans un monde aussi complexe, les intellectuels peuvent-ils encore faire leur devoir d'intellectuels, c'est-à-dire sortir de leur tour d'ivoire pour se mêler de ce qui ne les regarde pas, comme le veut la formule du philosophe Jean-Paul Sartre. C'est de plus en plus difficile aujourd'hui, dans un monde où règnent l'universitaire spécialiste et l'expert plutôt que l'intellectuel généraliste. Ce n'est plus la « tour d'ivoire » dont parlait Jean-Paul Sartre, mais un tout petit laboratoire où l'universitaire se retrouve seul et où sa culture ultraspécialisée ne lui permet plus d'aborder globalement un problème de société. C'est la fin de l'intellectuel généraliste au profit de l'expert. Plus la société est complexe, plus son fonctionnement exige que chacun joue un rôle restreint, mais dont il est le spécialiste.

Déjà, au début du XXe siècle, dans *La Révolte des masses,* le philosophe espagnol José Ortega y Gasset parlait de l'homme de science comme d'un « barbare spécialiste » qui « connaît très bien sa petite portion d'univers », mais qui « ignore complètement tout ce qui n'entre pas dans sa spécialité[40]. » Un « savant ignorant » qui cultive un savoir spécialisé, mais minuscule, et qui se désintéresse de tout ce qui échappe à son domaine de recherche.

La spécialisation a remplacé la culture générale. On assiste à un discrédit de la culture générale et des humanités, et, parallèlement, à une montée en puissance des savoirs spécialisés. Ce double mouvement est annonciateur de la fin des intellectuels.

Ainsi, il est logique de se demander si on n'assiste non pas au « silence des intellectuels », mais plutôt à la fin des intellectuels, ou du moins à leur déclin. Ou peut-être que les intellectuels ont changé ? À regarder le paysage intellectuel, on a l'impression que l'intellectuel d'autrefois a cédé sa place à l'intellectuel populiste. Autrefois, l'intellectuel type, comme en France les Raymond Aron ou Jean-Paul Sartre, s'engageait dans le débat public avec derrière lui une œuvre conséquente, une réputation et même parfois une gloire, et c'est tout cela qu'il mettait au service d'une cause qu'il défendait. Aujourd'hui, en revanche, plusieurs privilégient les médias à la véritable production intellectuelle durable, en étant omniprésents dans les journaux, à la radio, à la télévision et même sur Internet. Qui plus est, cette présence médiatique se fait dans des émissions populistes puisque les émissions comportant un débat intellectuel de qualité ont quitté les ondes. Il y a un appauvrissement de la vie des idées.

---

40 ORTEGA Y GASSET, José, *La Révolte des masses,* Les Belles Lettres, Paris, 2010, p. 187.

Toutefois, on ne peut reprocher à l'intellectuel de s'exprimer par les médias puisque c'est son rôle d'être présent sur la place publique. L'intellectuel doit intervenir régulièrement et publiquement sur les problèmes politiques ou sociaux. C'est en France lors de l'affaire Dreyfus, alors que l'écrivain français Émile Zola publie son « J'accuse » dans le quotidien *L'Aurore*, que naît le mot « intellectuel », plus spécialement sous la forme d'adjectif, mais aussi comme nom. Généralement, un intellectuel, tel que l'affaire Dreyfus l'a symbolisé, est un professionnel de la culture qui décide de prendre publiquement position sur un ou des problèmes de société ou de politique ne relevant pas forcément de sa compétence professionnelle. Il est logique qu'à notre époque l'intellectuel utilise les médias pour prendre position publiquement.

Malgré cela, la participation des intellectuels aux médias grand public – et même populistes – contribue à la confusion des genres. Puisque toutes les opinions se valent, toutes les opinions se retrouvent sur la place publique et tous ceux qui en émettent une se trouvent à jouer le rôle des intellectuels. En fait, il serait sans doute plus juste aujourd'hui de dire « commentateur médiatique » plutôt qu'« intellectuel ». On pourrait différencier les deux par le poids de leur parole. Un poids qui s'acquiert par l'œuvre, mais aussi par la rareté de la parole. « Généralement, les gens qui savent peu parlent beaucoup et les gens qui savent beaucoup parlent peu », disait le philosophe Jean-Jacques Rousseau.

Ce qui est encore plus inquiétant, c'est que les intellectuels populistes, afin de mieux capter l'attention de la population, présentent de plus en plus un choix manichéen, d'un côté le « gros bon sens » et de l'autre la dérive technocratique des élites. En présentant des choix qui sont limités aux notions de bien et de mal, et en se mettant évidemment du côté du bien, ils flattent les aspirations morales de la population, mais ils ne contribuent pas à son information puisqu'ils déforment les faits et les situations. Face à la complexité de l'époque, plusieurs intellectuels préfèrent la fuite. Le peuple serait le gardien du « gros bon sens » face aux élites technocratiques. Tout comme les politiciens populistes, les intellectuels populistes refusent la complexité du réel au profit de l'analyse et de la solution simpliste.

On ne peut pas à la fois reprocher aux intellectuels de parler à tort et à travers et leur demander de donner leur opinion sur tout. Il faut avoir un minimum de connaissances sur le sujet que l'on traite. À moins, bien sûr, de traiter de sujets à partir de présupposés idéologiques, en analysant toujours selon le même axe. C'est pratique et c'est pourquoi les intellectuels populistes ne se privent pas de le faire.

En effet, on a parfois l'impression que de nombreux intellectuels ou commentateurs médiatiques ne sont là que pour une seule cause, faisant jouer sans cesse la même cassette. Un même axe employé sans fin, parfois sous forme de slogan. On frappe toujours sur le même clou, que ce soit le multiculturalisme, l'immigration ou la mondialisation, pour ne nommer que ces sujets-là, qui peuvent facilement tomber dans le populisme. Les plus articulés des intellectuels populistes vont défendre une idéologie et analyser tous les problèmes de la société avec les œillères que leur impose cette idéologie. Ils ne font qu'analyser sous un seul angle, prisonniers d'une idée, incapables de prendre la distance nécessaire pour réfléchir. Les intellectuels populistes restent inconscients de leur propre ignorance et de leur incapacité d'affronter la réalité des choses. On frappe toujours sur le même clou comme s'il était responsable de tous les maux, comme si on pouvait régler de façon simpliste un problème complexe. Après tout, n'est-ce pas une des vertus du populisme que de trouver pour chaque problème un coupable plutôt qu'une solution ?

L'intellectuel populiste a une posture de combat. Il ne cherche pas le débat, mais plutôt l'affrontement. Il s'oppose à des ennemis idéologiques qui sont bien souvent des moulins à vent, mais qu'il s'obstine à combattre, tel le *Don Quichotte* de l'écrivain espagnol Miguel de Cervantes. L'intellectuel devrait pourtant faire preuve d'une grande ouverture d'esprit, de peu de préjugés, d'une vraie flexibilité intellectuelle, et éviter les obsessions.

On voit des intellectuels et des commentateurs médiatiques surfer sur le xénophobisme et même aller jusqu'à flatter la population dans son hostilité à l'égard de l'étranger au lieu de la dénoncer. Cela contribue à banaliser la xénophobie, et ces intellectuels et commentateurs médiatiques en porteront la responsabilité. En 1967, quelques mois après la guerre des Six jours, lorsque le président français Charles de Gaulle qualifiait les juifs de « peuple d'élite, sûr de lui et dominateur », la réaction de l'intellectuel français Raymond Aron fut spontanément sévère. Dans cette fameuse petite phrase de Charles de Gaulle, Raymond Aron osait reconnaître les mots des écrivains français Édouard Drumont et Charles Maurras. L'année suivante, il publia *De Gaulle, Israël et les Juifs*, où il reprochait au président français d'avoir réhabilité l'antisémitisme. Jamais il ne qualifia Charles de Gaulle d'antisémite, mais il déclara qu'en faisant l'amalgame entre Israël et le peuple juif, le président français procurait un alibi intellectuel aux vrais antisémites. Raymond Aron était un intellectuel responsable. Malheureusement, les intellectuels responsables se font de plus en plus rares au profit des intellectuels populistes.

L'intellectuel irresponsable cherche plutôt à s'opposer au « politiquement correct » qui, selon lui, est une forme pernicieuse de censure faisant en sorte qu'on ne peut plus rien dire. Les intellectuels irresponsables encouragent une xénophobie rampante, et leur statut d'intellectuels donne à leurs propos une caution scientifique ou, du moins, d'objectivité, en plus d'une certaine crédibilité.

Plusieurs sujets de société sont ardus, complexes, voire scabreux, et il faut les aborder avec d'infinies précautions. Que ce soit l'immigration, le multiculturalisme ou l'islam, pour ne nommer que ceux-là, ce sont des domaines d'une extraordinaire subtilité, qui contiennent des matières explosives. Voilà des sujets où, comme aurait dit l'écrivain français Voltaire, il faudrait « peser des œufs de mouche dans des balances de toiles d'araignée ». L'intellectuel, s'il est responsable, doit être prudent lorsqu'il s'exprime dans des médias grand public, notamment sur ces sujets délicats. Il doit être conscient qu'il risque de renforcer des amalgames déjà trop ancrés dans l'esprit de plusieurs citoyens.

Les intellectuels ont un rôle important dans une démocratie puisqu'ils permettent d'éclairer le public en débattant des grandes questions d'affaires publiques. L'intellectuel devrait être un pédagogue, ce qui n'interdit en rien les convictions fortes. Son rôle devrait aussi être de combattre les préjugés. Il doit examiner avec minutie les conséquences de ses recommandations. Autrement, il est un intellectuel irresponsable.

En 1927, l'écrivain français Julien Benda, dans *La Trahison des clercs,* reprochait aux clercs, c'est-à-dire aux penseurs, aux savants et aux artistes – bref, ceux qu'on pourrait aussi appeler intellectuels –, d'avoir trahi leurs propres valeurs en mettant la raison au service de la déraison des peuples. Ne peut-on pas faire le même reproche aux intellectuels populistes d'aujourd'hui ?

Il fallait bien s'attendre à ce que le populisme politique suscite l'émergence d'intellectuels populistes. Autrement dit, la montée en puissance de l'opinion publique dans le processus de décision politique est un avancement des sociétés démocratiques. En revanche, elle a pour corollaire négatif la montée en puissance parallèle d'arguments simples dans le débat qui mise plus sur l'émotion que sur l'argumentation.

En fait, l'intellectuel populiste se trouve à être le tribun de la plèbe de la Rome antique, c'est-à-dire à défendre la prétendue opinion du peuple, sans égard à la justesse de celle-ci. Autrement dit, l'intellectuel populiste ne critique pas l'opinion majoritaire, il ne fait que la défendre et ce, pour l'unique raison qu'elle est majoritaire. C'est un des principes du populisme, qui consiste à penser qu'une opinion est vérité simplement parce qu'elle est répandue. Cela reviendrait à penser, comme le veut la formule ironique : « Mangez de la merde, des milliards de mouches ne peuvent pas se tromper. »

Certains intellectuels se prétendent les défenseurs du peuple en donnant une voix à ce qu'ils appellent la majorité silencieuse. Une voix qui s'élève contre les élites politiques, journalistiques, bureaucratiques, académiques et même « plateaumont-royalistiques ». Ils se voient comme les défenseurs du peuple face à des élites cosmopolites isolées dans leur tour d'ivoire et qui seraient supposément déconnectées du peuple. Ils se donnent pour mission non pas d'éclairer la population, mais plutôt de défendre les prétendues opinions de cette population. Les intellectuels populistes ont l'impression que le peuple parle par leur bouche et donc, par transsubstantiation, ils pensent incarner le Québec. Armés de leur « gros bon sens », ils pensent pouvoir défendre le peuple des dérives technocratiques des élites. Croyant faussement défendre l'intérêt commun, ils deviennent de véritables dangers publics. Devant les craintes et les peurs du peuple, il ne faut pas les encourager, mais lutter contre l'ignorance.

Il est loin d'être évident qu'il soit bon pour la démocratie que les intellectuels se fassent les porte-voix des prétendues opinions du peuple. Pour qu'il y ait débat démocratique, les citoyens doivent pouvoir critiquer des idées qui s'affrontent. Ils ne doivent pas se faire dire ce qu'ils pensent.

Il faut se demander quel est le rôle de l'intellectuel : défendre l'opinion du peuple ou l'intérêt général ? Donner l'opinion de la population, c'est le rôle de l'élection, voire du sondage. L'intellectuel, quant à lui, doit plutôt prouver la justesse de son opinion et non chercher à prouver qu'elle est partagée par le peuple.

L'intellectuel populiste exalte la sagesse ancestrale du peuple, qui saurait mieux que ses dirigeants ce qui est bon pour lui. Cela reviendrait à dire que le peuple a toujours raison, que « la terre, elle, ne ment pas », comme le disait en France à une autre époque – beaucoup plus triste, celle-là –, le maréchal Philippe Pétain. Fort heureusement, certains se sont alors battus pour une idée de la justice contre des opinions largement répandues. Le rôle des élites n'est-il pas de défendre la raison plutôt que l'opinion majoritaire ?

L'honnêteté intellectuelle, c'est admettre que la majorité peut avoir tort et c'est aussi avoir le courage de dire que le peuple ne détient pas nécessairement la vérité. C'est là la grande faiblesse des intellectuels populistes, qui, trop souvent, pensent que c'est toujours chez le peuple qu'on trouve la vérité. On ne trouve la vérité ni chez le peuple ni chez les élites. Selon cette même logique, il ne faudrait pas tomber dans un élitisme primaire et dangereux qui consisterait à croire que la vérité se trouve toujours chez les intellectuels. Bien évidemment, rien n'indique que les intellectuels aient toujours raison. Dans une démocratie, ni l'intellectuel ni l'expert ne détiennent les secrets du monde social. Qui plus est, l'histoire nous enseigne que les intellectuels n'ont pas mieux résisté que quiconque aux mobilisations totalitaires. Heureusement, certains intellectuels, trop peu malheureusement, ont parfois le courage de dire qu'ils se sont trompés.

Évidemment, les intellectuels ne forment pas un bloc monolithique. À preuve, ils se contredisent, et c'est d'ailleurs pourquoi il y a débat. La diversité intellectuelle est une richesse. En revanche, il ne faut pas se laisser piéger par une obsession de la diversité intellectuelle.

Le populisme donne faussement l'impression d'une plus grande diversité intellectuelle. En effet, au cours des dernières années, on a assisté à une multiplication des opinions populistes, sinon extrémistes, ce qui a donné l'impression que les médias présentaient des opinions très diversifiées, des opinions que l'on n'entendait pas ou peu auparavant. Il faut se réjouir du pluralisme intellectuel et ne pas souhaiter une « pensée unique ». Cependant, ce qui paraissait à première vue comme une plus grande diversité d'opinions s'est accompagné d'une présence de plus en plus grande d'opinions réactionnaires. Autrement dit, cette impression de diversité d'opinions prend bien souvent la forme d'un retour en arrière. Le pluralisme intellectuel est souhaitable, là n'est pas la question. En revanche, la diversité intellectuelle ne doit pas mener à une représentation obsessive de cette diversité d'opinions. Par exemple, devrait-on, au nom de la démocratie et de la diversité d'opinions, enseigner le créationnisme dans les écoles et les universités parce qu'une partie importante de la population y croit ? Si une partie importante de la population est en faveur de la peine de mort et contre l'avortement, est-il pour autant souhaitable qu'au nom de la démocratie ces opinions soient représentées au Parlement ? Si une partie importante de la population a une vision xénophobe de l'immigration, cette opinion doit-elle être présente dans les médias au nom de la liberté d'expression ? Si une partie de la population partage des opinions qui ne sont pas représentées au Parlement, dans les écoles et les universités ou dans les médias, est-ce un déni de démocratie ? Dans une démocratie, une opinion égale un vote, mais dans le monde des idées, non, toutes les opinions ne se valent pas. Pourtant, on se plaît désormais à croire qu'il est plus démocratique de donner droit de cité à toutes les opinions, même les plus extrémistes.

Toutes les théories n'ont pas à être enseignées dans les écoles et toutes les idées politiques n'ont pas à être présentes au Parlement. Ce devrait être la même chose dans les médias, même si, pourtant, on dirait qu'au cours des dernières années, par souci d'être le plus représentatif possible de la diversité d'opinions, on se fait une fierté d'inviter des intellectuels et des commentateurs médiatiques émettant des idées populistes. Il est choquant d'entendre dire dans les médias que « l'information doit refléter l'opinion de toute la population ». Le souci d'être représentatif est si fort que, lorsque l'on cherche à commenter l'actualité, on polarise le débat en faisant débattre des individus aux idées diamétralement opposées, pour représenter la diversité d'opinions de la population, ou, mieux encore, on invite des gens identifiés à des partis politiques. Par exemple, l'émission de télévision *Le Club des ex* sur la chaîne d'information RDI fait depuis 2007 une table ronde avec des représentants des trois principaux partis présents à l'Assemblée nationale du Québec[41]; de même, le *Téléjournal* de Radio-Canada fait des tables rondes avec des *spin doctors* des quatre principaux partis présents à la Chambre des communes du Canada[42]. La représentativité est désormais plus importante que les idées. Les médias d'information ne cherchent plus l'objectivité, mais la représentativité. Cette façon de faire n'est pas sans rappeler la triste époque de la « *lottizzazione* », en Italie, où les journalistes étaient engagés à condition de détenir une carte de membre d'un parti politique, afin de mieux répartir les postes en fonction des sensibilités politiques. Ce sont l'information et la raison qui sont les premières victimes de cette obsession de la représentativité.

Pour jouer son rôle, l'intellectuel doit être présent sur la place publique, qui aujourd'hui n'est plus l'agora des cités grecques, mais la tribune des médias. Aujourd'hui, c'est par les médias que les intellectuels peuvent exister. Ces médias permettent-ils aux intellectuels de jouer leur rôle ou ne les condamnent-ils pas plutôt au populisme ?

---

41 Il s'agit de Jean-Pierre Charbonneau (ancien député du Parti québécois), Liza Frulla (ancienne députée du Parti libéral du Québec) et Marie Grégoire (ancienne députée de l'Action démocratique du Québec).

42 Il s'agit de Liza Frulla (Parti libéral du Canada), Jean-François Lisée (Bloc québécois jusqu'à son élection sous la bannière du Parti québécois en 2012), Anne Lagacé-Downson (Nouveau Parti démocratique) et Tasha Kheiriddin (Parti conservateur du Canada).

CHAPITRE 3

LE POPULISME MÉDIATIQUE

*« Il est bien possible que «les gens»
veuillent vraiment connaître plus de
détails croustillants sur la vie de Michael
Jackson, entendre plus de chansons de
Céline Dion et qu'ils souhaitent qu'on
cesse de les ennuyer avec la politique.
Mais se soumettre aveuglément à ces
désirs travestit le sens de la politique et du
journalisme. [...] En abdiquant devant
l'apathie des électeurs comme devant les
goûts des lecteurs et des spectateurs, les
hommes politiques, les journalistes et les
propriétaires de médias deviennent, de
toute façon, responsables de l'indifférence
et de l'inculture. [...] En politique, comme
dans les médias, il est impossible d'échapper
à la responsabilité pédagogique. Il faut
choisir : former des citoyens responsables
et cultivés ou conforter des consommateurs
ignorants et apathiques. »*

Bernard Émond,
Il y a trop d'images.

Jamais les citoyens n'ont eu accès à autant d'informations
et de connaissances qu'aujourd'hui, notamment grâce à

Internet. En revanche, cette multitude d'informations ne rend nécessairement les citoyens mieux informés.

Sans doute que, dans les conditions concurrentielles d'un marché des médias dominé par quelques grands groupes, comme c'est le cas au Québec, les journalistes ont de moins en moins la possibilité de mener des recherches approfondies ou de développer une expertise sur un sujet, et sont sous pression pour donner de l'espace et du temps aux faits divers les plus sensationnels, aux dépens parfois de l'exactitude. On mise sur le sensationnel, sur le spectaculaire, sur le choc émotionnel.

Les quotidiens ont de moins en moins de lecteurs et, à la télévision, les émissions d'affaires publiques et d'information cèdent la place aux émissions de divertissement. Les médias nous livrent de moins en moins une information crédible et de qualité. Les chaînes d'information accordent de plus en plus de place aux débats d'opinion fondés sur des arguments simplistes plutôt qu'à de l'information objective et substantielle.

Il n'existe presque plus de place dans les médias pour les débats de qualité. Les émissions que l'on dit de débats présentent plutôt des combats où deux opinions s'affrontent comme dans un ring de boxe. On ne demande pas aux invités de s'entendre, mais de s'affronter, comme si on voulait que les citoyens trouvent facilement leur camp, comme si on voulait les flatter selon leurs propres opinions. On refuse de reconnaître que l'autre puisse avoir de bonnes idées, d'entendre ce qui est bon dans ses arguments. On est en mode conflictuel. Le souci des médias d'éclairer – de chercher à comprendre – est dilué dans la volonté de donner la parole à tous en considérant que toutes les opinions se valent.

Il est fascinant de voir comment les médias deviennent populistes, et la téléréalité en est la manifestation la plus visible. Grâce à une batterie de caméras et de micros, on montre sur le petit écran le quotidien des quidams. La téléréalité transforme l'écran de télévision en miroir. Qui plus est, elle ne se confine plus uniquement dans les émissions du genre d'origine, mais dans toute la programmation des stations de télévision.

MA TÉLÉVISION, MON MIROIR

« Jessica doesn't have anything to do
until later when she has to go out to lunch
with her mother, so she stays in bed and
turns on the TV so she can watch the
late-morning talk shows. Jerry Springer
and the dregs of humanity engaged in
their backstabbing incestuous homosexual
bisexual overweight gothic bizzaro wet-
hot fucking and stealing and lying. »

NICK MCDONNEL, *Twelve.*

Désormais, c'est le quidam qui fait la télévision, c'est lui la véritable vedette. De *Loft Story* à *Occupation double*, la quasi-totalité des programmes de téléréalité du petit écran, toutes chaînes confondues, est portée par des inconnus. C'est ainsi qu'on a vu fleurir à la télévision québécoise depuis quelques années des émissions de cuisine comme *Un souper presque parfait* et des émissions de décoration comme *Décore ma vie,* où l'on s'invite chez des inconnus; des émissions de santé comportant des exercices physiques avec des inconnus, des émissions de beauté suggérant des changements de look avec des inconnus, des émissions de rencontre entre inconnus et même des émissions de sports où figurent des inconnus, comme la série sur le hockey *Québec-Montréal.* Cette tendance devrait s'accentuer et ne plus se limiter uniquement au monde de la télévision.

L'information n'échappe pas à cette logique qui voit les journalistes faire des *vox pop*, que certains appellent « microstrottoirs », avec des quidams, autant dans la presse écrite qu'audiovisuelle. Lors de la couverture d'un fait divers, on interviewe des témoins. Les journaux télévisés donnent quotidiennement l'opinion de « l'homme de la rue ». Un peu comme si on voulait rassurer le téléspectateur en l'informant sur ce qu'il pense. On ne cherche plus à lui apprendre quelque chose, mais plutôt à vérifier s'il ressemble aux autres, comme si la télévision s'était donné comme mission de créer des consensus.

En politique aussi, on utilise ce concept. On a vu des émissions du genre où les principaux chefs de parti répondaient à des questions de citoyens présélectionnés. Le Premier ministre québécois Jean Charest est même allé plus loin en faisant des capsules sur Internet où il répondait à des questions de citoyens[43]. L'objectif est de faire passer le politicien pour un leader proche des gens, et pas n'importe lesquels : les « vrais gens ». Le politicien s'adresse désormais directement aux citoyens par-delà ses représentants et ses notables.

Au débat des chefs lors des élections canadiennes de 2011, ce sont des citoyens ordinaires, du « vrai monde », qui sont venus parler de leurs problèmes. L'électeur cherche à savoir ce qu'un candidat fera, s'il est élu, pour améliorer non pas le sort de la société, mais son propre sort. La plus célèbre de ces quidams

---

43 Le chef de l'opposition Mario Dumont s'en est moqué en faisant mention à l'Assemblée nationale du Québec, le 1er novembre 2007, des « pubs du Premier ministre sur le bras des contribuables, qui fait appeler ses cousines pour lui poser des questions ».

lors de ce débat de 2011 fut Muguette Paillé, coqueluche d'un jour des médias et vite oubliée le lendemain. Cette « citoyenne ordinaire » de la Mauricie avait interrogé les chefs sur ce qu'ils comptaient faire pour les gens de 50 ans et plus qui, comme elle, vivaient de l'assurance-emploi dans l'attente d'un travail. Auparavant, les États-Unis avaient eu « Joe the Plumber » en 2008, un plombier qui a pris à partie le président Barack Obama et que les stratèges du Parti républicain ont ensuite érigé en symbole de l'Américain moyen.

Ce traitement médiatique n'est pas sans effet sur la façon de faire de la politique. On ne se soucie plus de l'intérêt général, mais de l'intérêt individuel des citoyens. Les « vrais gens » représentent maintenant une accumulation d'intérêts personnels. Les questions de fond sont éludées pour faire place à des préoccupations catégorielles et même individuelles. C'est pourquoi les politiciens tentent de demeurer au plus près des préoccupations immédiates et quotidiennes des électeurs. On est loin des grands projets de société...

La parole des vrais gens dans les médias, c'est la revanche du citoyen sur les élites. C'est le règne du quidam, du « vrai monde », de « Joe Blow », de « monsieur Tartempion », de « madame Michu » et de la « madame de la rue Panet ». C'est la majorité silencieuse qui reprend enfin son droit de parole, qui était monopolisé par les experts et les intellectuels.

Ce ne sont évidemment pas les « vrais gens », placés devant les caméras sans trop comprendre ce qui se passe, qu'il faut blâmer. C'est plutôt du populisme médiatique qu'il faut s'inquiéter.

LES MÉDIAS POPULISTES

« You get a seat and hoist a copy of the New York Post. The Post is the most shameful of your several addictions. You hate to support this kind of trash with you thirty cents, but you are a secret fan of Killers Bees, Hero Cops, Sex Friend, Lottery Winners, Teenage Terrorists, Liz Taylor, Though Tots, Sicko Creeps, Living Nightmares, Life on Other Planets, Spontaneous Human Combustion, Miracle Diets and Coma Babies. »

JAY MCINERNEY,
Bright Lights, Big City.

Dans la concurrence que se livrent les médias pour s'attirer et fidéliser une clientèle, tous les moyens sont bons. Les journaux en format tabloïd – ce qui est actuellement le cas de tous les quotidiens du Québec à l'exception de *La Presse* et du *Devoir* – cherchent à capter une clientèle en l'attirant par la « une ». Photo pleine page, titres racoleurs, scoops et scandales... C'est l'information qui en souffre. Heureusement, on est encore loin de la *yellow press*, terme inventé par le magnat de la presse américain William Randolph Hearst au XIXe siècle et dont l'esprit subsiste encore aujourd'hui, notamment chez les tabloïds britanniques, comme le défunt *News of the World* – disparu dans le scandale en 2011 –, ou le *Bild*, en Allemagne. On ne peut reprocher aux journaux de chercher à augmenter leur tirage, mais, en revanche, cette logique publicitaire se transforme en danger considérable pour leur contenu.

Cette transformation des médias s'observe aisément. On peut penser au glissement, au cours des dernières années, du *Journal de Montréal* et du *Journal de Québec*, qui sont passés d'une approche populaire à une approche populiste. L'arrivée de la chaîne de nouvelles Sun News en 2011 au Canada en est une autre illustration. La démagogie est à l'horaire plusieurs heures par jour et on y voit souvent des entrevues ordurières; on pense notamment à celle de la chorégraphe québécoise Margie Gillis par Krista Erickson, en 2011, où la journaliste remettait en question les subventions dans le domaine de la culture tout en ridiculisant la gestuelle de la danseuse.

Aux États-Unis, Fox News, que l'on compare parfois à Sun News, est une chaîne de nouvelles populiste qui traite de problèmes souvent trop complexes pour être expliqués de façon aussi simpliste. Quand un problème est complexe, il doit être expliqué avec une certaine expertise et avec des nuances. Il y a des gens qui trouvent beaucoup plus commode d'y mettre beaucoup de passion et très peu de réflexion. La réalité est toujours plus complexe, difficile à exposer devant la caméra. Réducteur, le regard télévisuel assure souvent la victoire du simple sur le complexe et de la sensation sur la réflexion. Pourtant, Fox News gagne en cote d'écoute et a même devancé sa principale concurrente, la chaîne de nouvelles CNN, mais elle exerce un effet corrosif sur le débat public. C'est à se demander si certains groupes médiatiques ne seraient pas tentés d'encourager l'ignorance, l'intolérance et la xénophobie dans le but de défendre leurs intérêts économiques, en vendant plus de journaux et en ayant plus d'auditeurs et de téléspectateurs. Encore une fois, des élites oublient leur rôle et préfèrent, pour des raisons d'audimat et de lectorat, jouer le jeu du populisme.

Pour plaire à leur lectorat ou à leur auditoire, les médias populistes font dans la simplicité. L'objectif est d'éluder au maximum la complexité. On prétend dire les « vraies affaires » pour le « vrai monde », dire « tout haut ce que tout le monde pense tout bas » et, sans parfois même s'en rendre compte, on fait des raccourcis menant à des amalgames qui donnent une mauvaise compréhension du débat.

Le sensationnalisme médiatique se manifeste aussi dans le choix de sujets populistes par les médias. Il faut se demander : « Qui manipule qui ? » Est-ce que c'est le public qui s'attend à entendre parler de telle ou telle chose et dont on exauce le désir en en parlant, ou si c'est le fait d'en parler qui suscite chez le public tel ou tel comportement ? Par exemple en France, c'est un reproche qu'on avait fait à la station de télévision TF1 au moment des élections présidentielles de 2002, en expliquant que TF1 spéculait sur le sentiment d'insécurité des Français en présentant, la veille du premier tour des élections, un pauvre grand-père martyrisé, alors que la station aurait pu choisir de parler d'autre chose, même si ce qui le sort du vieil homme était tout simplement tragique[44].

Selon les théoriciens des sciences de la communication, les médias ne diraient pas ce qu'il faut penser, mais ce à quoi il faut

---

44 Lors du premier tour des élections présidentielles française de 2002, Jean-Marie Le Pen, leader du Front national, parti d'extrême droite, s'est qualifié, entraînant la défaite du candidat du Parti socialiste, le Premier ministre Lionel Jospin, et privant du même coup les électeurs français d'un choix à gauche.

penser. C'est la théorie de l'*agenda setting*, l'agenda étant ici une hiérarchie de priorités dans l'esprit des gens. L'effet d'agenda se mesure en mettant en correspondance la présence médiatique d'un enjeu et l'opinion du public sur les enjeux sociaux qu'il juge important. Cet effet d'agenda a pour conséquence, dans nos démocraties, que les politiciens sont souvent contraints de prendre des décisions précipitées, en raison de la pression des médias et du public – souvent par l'entremise de sondages –, qui veulent être rassurés par une action des pouvoirs publics. Qui plus est, l'effet d'agenda fait en sorte que l'on se préoccupe de certains enjeux plutôt que d'autres, qui sont sans doute tout aussi importants, mais dont on parle peu. Sans compter que, même si les médias ne dictent pas une opinion précise, il est logique de croire qu'une couverture médiatique constamment défavorable à un enjeu puisse avoir un certain poids dans l'opinion qu'on s'en fait, surtout dans le cas où l'on a peu de connaissances personnelles sur le sujet. C'est pourquoi il est inquiétant de remarquer que les médias couvrent de plus en plus de sujets populistes, de même que d'observer la multiplication des opinions populistes et des analyses antiélitistes.

Il est légitime de se demander quel est le rôle qu'ont joué les médias durant ce qu'on a appelé au Québec la « crise des accommodements raisonnables », en 2006-2007. Les médias ont donné une grande importance à des faits divers qui n'étaient pas, au sens juridique du terme, des accommodements raisonnables, par exemple les fenêtres givrées du YMCA de l'avenue du Parc, à Montréal, le « Code de vie » d'Hérouxville et le port du hijab par une jeune fille lors d'un match de soccer. Sans parler des cours prénataux du Centre local de services communautaires (CLSC) du quartier Parc-Extension, à Montréal, où un homme aurait été exclu, et du groupe de musulmans pour qui, dans une cabane à sucre, on aurait enlevé le porc du menu, et à qui on aurait permis de prier sur la piste de danse, des scoops relevant de l'anecdote, mais qui ont tout de même fait la une du *Journal de Montréal*, qui les présentait comme des « informations exclusives ». Ainsi, plusieurs nouvelles qu'on a présentées comme des accommodements raisonnables étaient en fait des constructions médiatiques autour d'évènements relativement insignifiants. Ce n'était qu'une tempête dans un verre d'eau. Les médias, en particulier les plus populistes, ont accordé une importance démesurée aux accommodements raisonnables. Ils ont monté en épingle des cas particuliers d'individus qui vivaient mal leur intégration. On tentait de faire peur, d'inventer des dangers là où il n'y en avait pas. Certains encourageaient l'islamophobie en citant des cas anecdotiques. Il ne fait aucun doute qu'en matière d'intégration il y a des ratés, des échecs, mais on peut tout de même se demander si les médias ont véritablement joué leur rôle informatif ou s'ils n'ont pas préféré le sensationnalisme.

Dans les faits, au Québec, à peine une demi-douzaine de demandes d'accommodements raisonnables sont soumises aux tribunaux à chaque année. Qui plus est, elles émanent surtout de communautés religieuses qui sont implantées sur le territoire québécois depuis très longtemps, comme les Témoins de Jéhovah.

Il y a lieu de débattre à propos des accommodements raisonnables. La crise est venue du fait que ces accommodements étaient jugés de plus en plus comme « déraisonnables ». Dans certains cas, il ne s'agissait plus d'accommoder pour aspirer à l'égalité, mais d'accommoder pour aspirer à l'inégalité, notamment entre hommes et femmes. Autrement dit, tolérer l'intolérance, sinon tolérer l'intolérable.

Par ailleurs, on peut aussi se demander si les médias ont bien joué leur rôle. Certains se sont crus autorisés à diaboliser les immigrés et autres minorités, non seulement en se faisant l'écho des anxiétés et des mythes circulant au sujet de ces groupes au sein de la population, mais aussi en contribuant activement à les accentuer en mettant en valeur des « scandales », réels ou supposés, impliquant des accommodements raisonnables. En jouant le jeu du populisme, ces médias ont contribué à la montée de l'intolérance et de l'exaspération.

La représentation médiatique de la communauté musulmane donne une image où la majorité des femmes musulmanes portent le voile (quand ce n'est pas le niquab ou même la burqa), l'image d'une communauté qui ne veut pas s'intégrer. Il ne faut pas prendre les cas exceptionnels pour la règle. L'immense majorité des femmes musulmanes vivant au Québec ne porte pas le voile. L'immense majorité des musulmans québécois ne va pas ou va rarement à la mosquée et ne pratique pas ou que très peu. Les accommodements raisonnables ont été demandés par une infime minorité d'une communauté. Les médias ont-ils joué leur rôle, qui était de présenter un portrait réaliste de cette communauté ?

Les médias ne créent pas la xénophobie ou la peur de l'autre, mais ils contribuent à l'amplifier. Ils accélèrent des tendances existant au sein de la société. Ils accroissent le mouvement par excès, en accordant une importance considérable à des éléments anecdotiques.

Dans un dossier aussi délicat que celui de l'immigration musulmane, il y a risque de confusion entre différents concepts, tels l'islam, l'islamisme et le terrorisme, pour ne nommer que ceux-là. Un public mal informé, comme d'ailleurs des animateurs mal informés, risque de faire des amalgames entre divers concepts. Les médias transmettent cette confusion, contribuant ainsi à stigmatiser une partie de la population.

Les médias sont irresponsables lorsqu'ils attisent les peurs et les craintes. En montrant des faits isolés, ils risquent de créer des amalgames, incitant la population à faire des raccourcis et à associer un cas isolé à l'ensemble de la population. Les médias responsables ne devraient pas attiser le sentiment de xénophobie au sein de la population.

Sans doute à cause du développement de l'information continue, à la télévision comme sur Internet, on a pu observer récemment des phénomènes qui auraient été inimaginables auparavant. Par exemple, en 2010, l'appel à l'autodafé du Coran lancé par le pasteur américain Terry Jones. Des journalistes du monde entier s'étaient rassemblés devant l'église de ce pasteur d'une obscure congrégation protestante de Gainesville, en Floride, pour voir s'il oserait mettre sa menace à exécution[45].

On peut aussi interroger les médias québécois sur l'importance qu'ils accordent à certains individus. On pense, par exemple, au conseiller municipal André Drouin, célèbre pour son « Code de vie » dans le village d'Hérouxville, en Mauricie, qui a eu un poids médiatique démesuré par rapport à son poids politique. Selon cette même logique, on peut s'interroger sur le poids médiatique qu'a eu à une époque le très populiste Stéphane Gendron, maire de la petite municipalité d'Huntingdon, en Montérégie, une agglomération d'à peine 2 500 habitants.

Certains politiciens populistes, ou mêmes des intellectuels et commentateurs médiatiques populistes, se posent en victimes des médias, qui, supposément, les ignoreraient alors qu'ils sont, paradoxalement, de plus en plus présents dans les médias.

---

45   Le pasteur floridien Terry Jones a finalement mis à exécution sa menace en 2011, en brûlant un exemplaire du Coran, ce qui a provoqué une vague de violence en Afghanistan.

C'est le cas notamment de la candidate à la vice-présidence américaine en 2008, Sarah Pailin, qui se posait en victime de l'élite libérale et des grands médias. Cette victimisation lui servait; la candidate donnait l'impression de s'adresser à un segment de l'électorat qui, lui aussi, se sentait oublié par les grands médias contrôlés par les élites. Les populistes disent représenter l'opinion de la majorité de la population, de ce qu'ils appellent la majorité silencieuse et qui n'est plus si silencieuse que ça. En fait, cette prétendue majorité silencieuse est désormais tonitruante, grâce aux populistes qui prétendent en être les porte-voix.

Depuis la fin des années 2000, la droite populiste n'a jamais été aussi présente sur les ondes. L'exposition médiatique des populistes est de plus en plus grande, même si ces derniers se posent toujours en victimes en invoquant leur manque de présence médiatique. Il y a de plus en plus de chroniqueurs réactionnaires dans les médias. C'est un phénomène nouveau. Ils ont des thèmes de prédilection : les dérives de l'école et de ses réformes pédagogiques, les dangers du multiculturalisme, la dénonciation du « politiquement correct » qui empêche de dire les « vraies affaires », et un discours très radical sur l'islam et sur l'immigration. En France, c'est Éric Zemmour[46]; aux États-Unis, ce sont Glenn Beck et Ann Coulter; et au Canada, c'est Ezra Levant. Le Québec commence à avoir les siens, qui prennent de plus en plus de place dans les médias. Autre phénomène particulier auquel on assiste au Québec : la présence, sur les plateaux de télévision, de personnalités françaises aux propos si extrémistes et dangereux qu'on n'ose même plus les inviter en France, mais qu'on accueille ici à bras ouverts, par exemple l'humoriste Dieudonné. Lors des passages

---

46 En 2011, en France, le journaliste Éric Zemmour a été condamné pour incitation à la haine raciale.

de ces personnalités françaises sur les ondes québécoises, rares sont ceux qui se lèvent pour dénoncer les actes et les propos odieux qu'ils tiennent où qu'ils ont tenus.

Certains médias ont contribué au développement du populisme. La radio est un média que l'on associe particulièrement au populisme. On l'a vu notamment aux États-Unis dans les années 1990 avec le succès des émissions de type *talk radio* sur les stations AM, la plus populaire étant celle de l'animateur populiste Rush Limbaugh. Le Québec n'a pas été épargné par ce phénomène.

RADIO POUBELLE

« *'Cause I've got nothing on*
but the radio,
And I've got nothing on for tonight.
Nothing on but the radio,
And I'm tuned into your
station tonight,
With me tonight. »

LADY GAGA, *Nothing on.*

Au Québec, le populisme est très présent à la radio, plus particulièrement sur les ondes des stations de l'extérieur de Montréal, Québec en tête. C'est à Québec qu'on a commencé à prendre conscience du phénomène de la radio poubelle, à la fin des années 1990, avec CHOI-FM comme bateau amiral. La formule était simple : parler d'affaires publiques en simplifiant les enjeux, en utilisant un langage grossier et en tombant dans la facilité et la vulgarité. Il faut également ajouter une dénonciation systématique de la mainmise sur les médias par une gauche intellectuelle à qui l'on reproche d'être trop progressiste, trop environnementaliste, quand ce n'est pas trop « radio-canadienne ».

À Québec, la radio en général, populiste en particulier, est une vieille tradition. CKVC et CHRC, les premières stations radiophoniques de la Vieille Capitale, apparaissent sur la bande AM dès 1926. Déjà, les animateurs-vedettes exerçaient une grande influence sur la population. Dans les années 1950, c'était Saint-Georges Côté, dit « le prince des annonceurs », à CKVC, et, dans les années 1970, ce furent les débuts d'André Arthur à CHRC et de Robert Gillet à CJRP. Pour ce qui est du populisme radiophonique, André Arthur a été le « roi des ondes » durant de longues années, mais une nouvelle vague, avec Jeff Fillion en tête, a permis de séduire une nouvelle génération d'auditeurs à la fin des années 1990. Dans cette nouvelle vague de populisme radiophonique, il y a d'abord eu CHOI-FM, puis le FM-93, puis quelques autres dont la notoriété n'a jamais vraiment été plus loin que la portée de leurs ondes.

Sans doute que la ville de Québec était un terrain fertile pour le populisme puisqu'il y existe depuis toujours un fort ressentiment envers les élites, qui a pris longtemps la forme d'une aversion entre les « bourgeois » de la Haute-ville et les « petites gens » de la Basse-ville. Comme le chantait l'auteur-compositeur-interprète québécois Sylvain Lelièvre : « Quand on est de la basse-ville, on n'est pas de la haute-ville ». Ensuite, c'est devenu une aversion entre d'un côté la basse-ville et la haute-ville réunies, bref, le centre-ville de Québec, soucieux des transports en commun et d'autres préoccupations urbaines, et de l'autre côté la banlieue avec ses bungalows, l'automobile, les autoroutes et les centres commerciaux. C'est toute cette rivalité qui a fait le succès de CHOI-FM.

Vers la fin des années 1990, la station CHOI-FM, avec Jeff Fillion à la barre de l'émission matinale, a d'abord gagné en popularité en organisant des activités d'un goût douteux, notamment le concours « Vendredi Seins », lors du Vendredi saint, où les femmes qui y participaient pouvaient gagner une augmentation mammaire par chirurgie esthétique. On pense aussi aux calendriers du « Dream Team Radio X » avec des filles de la région qui posaient en bikini. À Québec, certains et même plusieurs se disaient être des « X », soit des auditeurs invétérés de la station CHOI-FM. Celle-ci était devenue une identité. Un public de la génération X[47], même un public d'« Angry White Men », diront certains. C'était à la limite de la secte. L'émission s'intitulait *Le Monde parallèle de Jeff Fillion* puisque les auditeurs de ce dernier partageaient sa vision et l'appartenance à un monde, son monde, différent du reste de la société. Les auditeurs lui téléphonaient pour lui dire avec fierté « I am a Radio X », ce qui démontrait leur allégeance à l'idéologie de cette station de radio et à celle de son animateur.

Une des formules populistes de Jeff Fillion consistait à frapper continuellement sur des boucs émissaires. L'animateur s'est fait connaître en attaquant continuellement la « clique du Plateau », responsable selon lui de tous les maux de la société québécoise d'aujourd'hui. La « clique du Plateau » n'était pas la seule cible dans sa mire; il avait aussi identifié comme boucs émissaires les assistés sociaux, les homosexuels, les fonctionnaires, les handicapés, les syndicats, les immigrés et les Montréalais.

Le phénomène CHOI-FM a été sous-estimé par bien des observateurs. Les évènements qui ont découlé de la menace de fermeture de la station par les autorités publiques, en raison de ses nombreux abus et dérapages en ondes, ont été l'illustration d'une véritable rupture entre le peuple et les élites qui en a surpris plus d'un. En juillet 2004, 35 000 personnes sont descendues dans les rues de Québec en criant « Liberté », pour

---

47   Cette expression, empruntée à l'ouvrage de Douglas Coupland, *Generation X*, désigne les habitants des pays occidentaux nés approximativement entre 1960 et 1979.

manifester leur appui à cette station de radio dont le Conseil de la radiodiffusion et des télécommunications canadiennes (CRTC) menaçait de ne pas renouveler la licence[48]. Avec une telle manifestation, on ne pouvait évidemment pas dire que la cause suscitait l'indifférence. À Québec, aucune cause, aussi noble soit-elle, n'avait donné lieu à une manifestation d'une telle envergure[49].

La station CHOI-FM a fait son combat de ce qu'on a appelé l'Opération Scorpion, une enquête policière sur un réseau de prostitution juvénile impliquant des mineures de 14 à 17 ans et dont Robert Gillet, animateur d'une station concurrente, était un des clients arrêtés. CHOI-FM s'est mise à diffuser des rumeurs et insinuations à propos de notables qui auraient été impliqués dans ce scandale. Des pétitions ont été organisées, les animateurs de la station ont fait part d'une méfiance envers le système de justice et les élites politiques, qu'on soupçonnait de vouloir étouffer le scandale. L'agitation autour de l'Opération Scorpion était essentiellement du populisme pénal, le souhait de peines plus sévères et une méfiance envers l'appareil judiciaire, mais aussi de l'antiélitisme, véhiculant l'impression que des notables de la ville étaient impliqués dans l'affaire et tentaient d'étouffer le scandale.

---

48 . Quelques semaines plus tard, l'Action démocratique du Québec a gagné l'élection québécoise partielle dans le comté de Vanier, à Québec, grâce à une campagne populiste qui faisait de la défense de CHOI-FM et de la fondation Scorpion l'axe principal de sa campagne.

49 À noter, quelques années plus tard, la marche des « cols rouges » (volontairement ou non, cette appellation rappelle l'expression américaine « redneck ») du 11 avril 2010, organisée par la station de radio FM-93 – qui se définissait comme le « rassemblement de citoyens écœurés du système gouvernemental actuel » –, et la marche bleue des Nordiques du 2 octobre 2010. À ces deux manifestations très populistes, des dizaines de milliers de personnes ont manifesté.

Après la mise en accusation de quelques notables, principalement des hommes d'affaires de la région, les rumeurs les plus folles ont circulé, et le maire de Québec, Jean-Paul L'Allier, n'a pas été épargné, ce qui l'a amené à déclarer : « Il y a une espèce d'odeur de purin qui flotte sur la ville, qui vient de sources assez bien identifiées. On ne peut pas combattre une odeur de purin avec une bouteille de *push push*. ». On soupçonnait toute l'élite locale d'être liée de près ou de loin au scandale de la prostitution juvénile. On a créé une fondation pour défendre les victimes, la fondation Scorpion, qui avait pour porte-parole Guy Bertrand, un très populiste avocat de Québec. On voyait les drapeaux et les autocollants de la fondation Scorpion sur plusieurs voitures. L'enregistrement d'une écoute électronique faite par la police et diffusée par les radios – la conversation d'une jeune prostituée qui disait : « ... pis y a des grosses personnalités, des genres des ministres, pis tout ça là, qui sont impliqués là-dedans[50] » – a suffi pour enflammer les pires rumeurs pendant des mois. Les radios populistes laissaient entendre que le ministre délégué aux Services sociaux, à la Protection de la jeunesse et à la Prévention, Roger Bertrand, aurait pu être un proxénète de ce réseau de prostitution. Les partis politiques se lançaient la balle pour s'accuser ou s'innocenter – en disant que, puisque tel parti était au pouvoir, ce devait donc être des ministres de ce parti –, ce qui ne faisait qu'accentuer les rumeurs. Claude Poirier, le très populiste chroniqueur judiciaire, laissait entendre – sans aucune preuve ! – que certaines personnes influentes et bien connectées avec le pouvoir avaient été protégées dans toute cette histoire.

L'agitation autour de l'Opération Scorpion, c'était donc aussi une théorie du complot[51] qui laissait croire que des individus

---

50   Compte rendu de l'écoute électronique à Radio-Canada, 2003.

51   Voir « Les théories du complot », p. 95.

hauts placés cachaient la vérité au peuple, d'où une campagne de drapeaux sur les voitures, avec le logo de la fondation Scorpion et le slogan « Continuez ». Les témoignages des prostituées mineures étaient largement contradictoires, mais quelques élucubrations présentées comme des faits et relayées par les radios poubelles suffisaient à donner une impression favorable au mythe du complot. Les radios poubelles ne prennent pas le temps de vérifier sérieusement les informations. L'auditoire augmente lorsqu'on révèle des choses croustillantes et scandaleuses. En revanche, c'est l'information qui en souffre. Ceux qui ont le pouvoir d'informer n'assument pas toujours leurs responsabilités.

Jusqu'à tout récemment, cette responsabilité d'informer était le monopole des grands médias. Il n'y a pas si longtemps, tous les importants débats de société se tenaient principalement dans les journaux, à la radio et à la télévision. Internet a changé les choses. Les médias sociaux ont introduit une information plus personnalisée, mais aussi, en contrepartie, moins objective, moins rigoureuse et moins fiable. Ce qui fait qu'aujourd'hui, parmi les médias, le plus populiste est sans aucun doute Internet, qui permet à tous d'exprimer leurs opinions, sans contrôle et sans filtre. Sur Internet, toutes les opinions se valent et le populisme a le vent dans les voiles.

INTERNET VEUT VOUS ENTENDRE

« I tell him, "But I want to know you. I want to know who you are." He flinches and turns to me and says, raising his voice at first and then letting it drop softer, "No one will ever know anyone. We just have to deal with each other. You're not ever gonna know *me." "What the hell does that mean?" I ask. "It just means you're not ever gonna* know *me" he says. "Figure it out. Deal with it." »*

Bret Easton Ellis,
The Rules of Attraction.

Même si Internet est un incroyable outil de mise à bas des murs et des frontières, il serait naïf de croire qu'une nouvelle technologie, aussi performante soit-elle, fera nécessairement progresser la liberté partout. En vérité, Internet et les nouvelles technologies de l'information et de la communication (NTIC) véhiculent le meilleur comme le pire. Les sites et les blogues extrémistes, racistes et diffamatoires diffusent en temps réel des opinions détestables. Des mouvements violents s'introduisent dans les réseaux sociaux à des fins de propagande et de désinformation.

On ne peut faire autrement que de voir un rapport entre la montée du populisme et le développement d'Internet. Le leader populiste d'autrefois s'exprimait directement au peuple sans passer par l'entremise des élites. Grâce à Internet, la relation est encore plus simple et directe entre les dirigeants et le peuple. L'illusion de proximité est encore plus grande lorsque l'on peut leur envoyer un courriel, les ajouter comme amis sur Facebook ou les suivre sur Twitter. Les réseaux sociaux sont de formidables outils de communication pour les populistes puisqu'ils leur permettent de communiquer directement avec les citoyens sans passer par le filtre des médias et de la société civile.

Bien sûr qu'Internet constitue un indispensable outil politique. La liberté de parole qu'il permet est un atout inestimable qui a permis de faire tomber des dictatures. Le rôle des réseaux sociaux sur Internet lors du Printemps arabe de 2010-2011 est indéniable. Il ne faut pas négliger le rôle qu'ont joué Facebook et Twitter en Tunisie, en Égypte, en Libye, au Yémen et en Syrie, pour ne nommer que ces cinq pays. Dans les pays où la liberté d'expression est limitée, voire absente, Internet permet un accès sans précédent à la liberté de parole. N'empêche qu'Internet exige aussi de l'esprit critique. Il y est difficile de distinguer le vrai du faux, les informations crédibles parmi la masse d'informations anonymes et invérifiables émanant de plus en plus rarement de professionnels de l'information. Internet exige de l'expertise quand toutes les paroles se valent, de même que des débats de qualité pour compenser la quantité.

Dans un monde de plus en plus complexe, le risque n'est pas l'absence d'information, mais sa trop grande abondance. Profitant des facilités de la communication par Internet, chacun s'estime en droit de faire connaître au monde entier son point de vue. Puisqu'en démocratie un individu égale un vote, une parole en vaudrait une autre. Assertion à laquelle la multiplicité des sites et des blogues – sans oublier Facebook, Twitter et autres réseaux sociaux –, sans aucun contrôle de la véracité des éléments fournis, donne du crédit car elle introduit une information de remplacement en opposition avec le discours officiel relayé par les médias de masse.

Aujourd'hui, les rumeurs sont immédiatement amplifiées grâce à cette caisse de résonance qui s'appelle Internet. Ce système a le formidable avantage d'être accessible à tous, mais, telle une lame à double tranchant, c'est ce même avantage qui le rend si terrifiant puisque peuvent s'y épanouir tous les fantasmes de même que les opinions d'individus anonymes, mal informés et qui utilisent des pseudonymes. Les rumeurs se substituent aux faits. Internet permettrait à l'internaute de dévoiler des informations que les médias traditionnels dissimuleraient à l'opinion. C'est donc le lieu idéal pour le développement de théories du complot[52].

Le glissement du débat public de la presse traditionnelle vers Internet a contribué à casser l'autorité des élites traditionnelles, soit les éditorialistes, les universitaires et les politiciens. Désormais, chacun peut librement s'exprimer sur Internet, que ce soit sur son blogue, sa page Facebook ou son compte Twitter. Sur Internet, toutes les paroles se valent, toutes les opinions sont égales. C'est sans aucun doute plus démocratique, mais il devient aussi plus difficile de distinguer clairement entre la vérité et les absurdités ou entre la démagogie et le débat politique.

Les partis d'extrême droite, de même que les idées qu'on leur associe, ont un grand succès sur les réseaux sociaux, les

---

52   Voir « Les théories du complot », p. 95.

blogues et Internet en général. C'est dû à l'avantage offert par Internet, un média extrêmement ouvert où n'importe qui peut publier et diffuser ce qu'il pense. C'est donc le lieu idéal pour les idées extrémistes qui ne trouvent pas écho dans les médias traditionnels. Sur Internet, les individus interviennent en dilettantes sur de nombreuses questions. Ils publient simplement leurs opinions de temps en temps. Les militants d'extrême droite en ont rapidement pris conscience et ont compris qu'ils pouvaient faire, en créant quelques adresses courriels avec des pseudonymes, le travail d'une centaine d'internautes modérés. Ce type de site Web, particulièrement les sites islamophobes, est de plus en plus présent au Québec. Les nouveaux services interactifs du Web 2.0 permettent à des extrémistes d'utiliser l'effet levier des réseaux sociaux tels que Facebook, MySpace, Twitter et Youtube pour promouvoir leur propre ordre du jour. À leur décharge, ils n'ont qu'un accès très difficile aux médias classiques et ils surinvestissent donc le Web, multipliant les pseudonymes et y multipliant artificiellement leur présence.

Une foule d'opinions et de prétendus faits racistes et xénophobes sont diffusés sur Internet, notamment sur des sites extrémistes. Sans repère quant à la crédibilité des informations qu'ils y trouvent, plusieurs internautes les prennent pour argent comptant. Les militants d'extrême droite se rencontrent virtuellement sur Internet pour échanger leurs idées malsaines et créer des réseaux extrêmement dangereux. La plus triste illustration de ce phénomène fut l'attentat d'Oslo, suivi de la fusillade qui a tourné au carnage sur l'île d'Utøya, en Norvège, le 22 juillet 2011, par un certain Anders Behring Breivik, un homme obsédé par le multiculturalisme et la crainte de l'islamisation de l'Europe, et qui propageait sur Internet ses idées malsaines en se laissant inspirer par d'autres internautes aux idées tout aussi malsaines. Ce furent là les plus lourdes attaques depuis la Seconde Guerre mondiale dans ce pays réputé pour être parmi les plus sûrs du monde. Il existait sur Internet des réseaux aux multiples ramifications qui relayaient ses idées. Dans l'imposante masse de documents qu'il y diffusait, on pouvait lire qu'il en voulait aux élites politiques, qu'il accusait de détruire leur propre société en laissant entrer de nombreux immigrés, en particulier des musulmans.

Qui plus est, la culture dominante actuelle semble paranoïaque et avoir tendance à croire que les médias classiques mentent ou sont orientés, tandis que le Web serait un lieu sincère où la vérité se trouverait entre les mains des citoyens, qui ne sont ni des journalistes ni des politiciens. Cette idée populiste qu'Internet permettrait d'accéder à un monde où l'information ne serait pas truquée, à un monde où le peuple n'aurait pas besoin des élites pour parler à sa place.

Autant il existe un problème de confiance envers les politiciens, les intellectuels et les experts, autant il en existe un envers les médias. D'où le succès des blogues et des prises de parole citoyennes sur Internet par des gens qui ne sont pas des professionnels de l'information.

Face aux médias traditionnels, un contre-pouvoir médiatique s'est instauré sur Internet. Celui qui était hier un spectateur de l'information s'est transformé en acteur. L'internaute est désormais à la fois un récepteur et un émetteur. Les blogues et les réseaux sociaux ont permis une solution de remplacement à l'opinion dominante des grands médias, une tribune pour les idées et les opinions écartées par ceux-ci.

Il est curieux de remarquer qu'une information est soudainement plus crédible parce qu'elle n'est pas donnée par un professionnel de l'information. Personne n'accepterait de se faire opérer à cœur ouvert par un « cardiologue citoyen » ni même de se faire jouer dans la bouche par un « dentiste citoyen », et pourtant on se fait informer de plus en plus – notamment par l'entremise de blogues – par ce qu'on appelle des « journalistes citoyens ». Ce qui viendrait des citoyens serait nécessairement la vérité et ce qui viendrait des grands médias serait nécessairement manipulé. La notion de rigueur s'érode dans le domaine de l'information et des médias. Penser que tout le monde est journaliste dévalorise la profession de journaliste. Qui plus est, on assiste à un déclin de la qualité et de la fiabilité de l'information.

En 2004, un journaliste du *San Jose Mercury News*, Dan Gillmor, publiait *We the Media : Grassroots Journalism by the People for the People*, où chaque citoyen devenait un journaliste potentiel. Étant données la diversité des auteurs et l'instantanéité de la publication, les citoyens deviennent une source d'information nouvelle et intéressante pour les médias traditionnels. Sans avoir la notoriété du Watergate, quelques scandales ont été annoncés en primeur sur Internet par des citoyens. Le plus célèbre est sans doute l'affaire Lewinsky, qui révélait au grand jour la relation entre le président américain Bill Clinton et sa jeune stagiaire Monica Lewinsky, scandale né sur un site Web fondé par Matt Drudge, un inconnu diffusant des rumeurs sur Internet : *The Drudge Report*. Cependant, pour quelques scoops, combien d'informations biaisées et de ragots non vérifiés !

Il est fascinant de voir comment le métier de critique, que ce soit en cinéma, en art culinaire, en littérature ou même en matière de voyages, a été malmené depuis l'arrivée du Web 2.0. Presque tous les sites culturels ou de vente en ligne permettent au public d'évaluer les concerts, les livres, les disques, les restaurants, les hôtels ou les films. Le critique professionnel attire aujourd'hui la méfiance. Pour obtenir une information fiable, il faudrait se fier désormais aux quidams. En tout domaine, la vérité viendrait du peuple. Ainsi, avant d'aller voir un film, de choisir un restaurant ou de réserver un hôtel, on consulte l'avis des internautes. L'avis de quelques individus qu'on ne connaît ni d'Ève ni d'Adam a désormais plus de poids que celui d'un expert.

En fait, l'une des caractéristiques du blogue et du Web 2.0 en général, c'est que l'on peut y laisser un commentaire. C'est désormais aussi le cas des sites Web des grands médias, ce qui accentue la confusion. Il n'y a plus un seul grand média, de *Cyberpresse* au *Devoir* en passant par Radio-Canada, qui ne permet pas aux internautes de laisser leurs commentaires sur son site. Ainsi, après avoir lu un article écrit par un journaliste crédible, on peut lire une foule de commentaires, souvent criblés de fautes d'orthographe et signés d'un pseudonyme. Évidemment, dans ce genre de forum, le meilleur côtoie le pire, et rien n'indique que cela contribue à mieux informer le lecteur. La confusion est énorme puisque l'on s'attend à trouver sur le site Web d'un média crédible une information fouillée et vérifiée.

Il faudrait être naïf pour croire que ce sont tous des quidams qui sont les auteurs des commentaires, des blogues et des fils Twitter. Des journalistes ont démontré à plusieurs reprises qu'il s'agissait bien souvent d'organisations politiques et d'entreprises. Ce n'est qu'une apparence d'authenticité. C'est ce qu'on appelle le phénomène du *sock puppet*, la fausse identité sur Internet. Au Québec, quelques journalistes ont démasqué des *sock puppets* (faux-nez). Le journaliste Patrick Lagacé, du quotidien montréalais *La Presse*, a découvert en 2009 qu'une agence publicitaire avait été engagée par Stationnement Montréal pour faire vanter les vélos en libre-service BIXI par de faux internautes se faisant passer pour des citoyens ordinaires. Quelques mois plus tard, en 2011, le journaliste Pierre Duchesne, de Radio-Canada, a révélé que le Parti libéral du Québec avait des *sock puppets*, des employés du parti qui, sous une fausse identité – encore une fois se faisant passer pour des citoyens ordinaires –, défendaient leur parti et son Premier ministre Jean Charest sur Twitter. En 2007, le journaliste Antoine Robitaille, du quotidien *Le Devoir*, révélait que le blogue d'une militante adéquiste du nom d'Élodie Gagnon-Martin, dont l'existence n'était que virtuelle, était écrit par Pierre Morin, un employé de l'Action démocratique du Québec.

Les blogues personnels, Facebook, Twitter et les autres médias sociaux permettent à tout le monde de donner son opinion. C'est toutefois un exercice essentiellement narcissique qui contribue bien peu à informer les citoyens.

Il y a lieu de s'interroger sur l'utilité des commentaires d'internautes et sur celle des *vox pop* faits par les médias. Quelle est l'intérêt de ces opinions individuelles, souvent anonymes, mal informées et mal formulées, dans les médias d'information ? Cette accumulation d'opinions sans valeur ne favorise en rien le débat public. Nul ne peut contester à aucun citoyen le désir de participer au débat public, mais chacun doit bien admettre que toutes les paroles ne se valent pas.

Le populisme est donc omniprésent dans les médias. Sans penser que les médias sont une seringue hypodermique qui influence des citoyens passifs et gobant tout, ce qui n'est évidemment pas le cas, il est logique de croire que le populisme a de beaux jours devant lui grâce à sa présence médiatique, qui favorise son émergence au sein de la société. Les élites doivent contrer les sirènes du populisme et retrouver leur rôle.

CHAPITRE 4

ILLÉGITIMES ÉLITES

*« Dans un monde où la promotion sociale
par le cul fait rage depuis des générations,
les familles laides ont été épurées à coup de
mésalliances qui, unissant un gros plein
de soupe et de millions à une arriviste
bien foutue, ont abouti en général à la
progéniture parfaite, puisque dotée du
physique de maman et du compte en
banque de papa. On ne gagne pas à tous les
coups, certes, et pour peu que papa se fasse
rouler par son homme d'affaires et que les
gènes de maman n'arrivent pas à s'imposer,
l'enfant peut également naître laid comme
papa et pauvre comme maman. C'est
ce qu'on appelle la malchance, mais je
ne m'étendrai pas sur ce point. [...] Vous
savez, le monde est divisé en deux, il y a
vous puis il y a nous. »*

LOLITA PILLE, *Hell.*

S'inquiéter de la montée du populisme et de l'antiélitisme mène-
t-il à l'élitisme, voire à l'aristocratisme, bref, à une opposition
à l'idéal d'égalité ? Puisque, l'élitisme ayant mauvaise presse et
avec raison, rien n'est plus facile que de discréditer la critique
du populisme en la taxant d'élitisme.

Au cours de l'histoire, les élites ont toujours souffert de leur illégitimité. Le premier texte à s'intéresser aux élites est probablement la Bible, où Jéthro, le beau-père de Moïse, lui suggère de choisir, « parmi tout le peuple, des hommes capables, craignant Dieu, des hommes sûrs, incorruptibles, et fais-en des chefs du peuple : chefs de milliers, chefs de centaines et chefs de dizaines[53] ». Cette méthode qui consistait à choisir les meilleurs n'a sans doute pas dû convaincre tout le monde puisque, lorsque Samuel, le premier roi de la Bible, a dû être choisi, il le fut au hasard[54].

Quelques siècles plus tard, les philosophes grecs Platon et Aristote s'intéressèrent au recrutement des élites, dans le cadre de leur recherche sur la forme de communauté politique la plus parfaite. Pour Platon, certains sont plus aptes à diriger la Cité. Ce philosophe avait une véritable aversion pour la démocratie. Dans *La République*, il compare le peuple à un gros animal dont les démagogues peuvent à loisir flatter les instincts. Pour Aristote, la meilleure des constitutions est l'aristocratique car elle donne le pouvoir aux meilleurs. En revanche, au cours de l'histoire, l'aristocratie est devenue synonyme de privilèges transmis de façon héréditaire.

Quelques siècles plus tard, le philosophe genevois Jean-Jacques Rousseau se demandait si le peuple – qui s'incarne en volonté générale – est capable, concrètement, de prendre les bonnes décisions. Il se demandait comment « une multitude aveugle qui souvent ne sait ce qu'elle veut, parce qu'elle sait rarement

---

53   L'Exode, 18 :21.

54   Samuel I, 10 :20.

ce qui lui est bon, exécuterait-elle d'elle-même une entreprise aussi grande, aussi difficile qu'un système de législation[55] ?».

Le sociologue britannique Michael Young a inventé le concept de méritocratie en 1958 dans son essai satirique *The Rise of the Meritocracy*. Cependant, même la méritocratie a ses critiques, notamment le sociologue français Pierre Bourdieu. Ce dernier, dans *Les Héritiers*, coécrit avec Jean-Claude Passeron, remarquait que même la méritocratie. académique – qui paraît pourtant la plus juste de prime abord – a ses faiblesses : « L'expérience de l'avenir scolaire ne peut être la même pour un fils de cadre supérieur qui, ayant plus d'une chance sur deux d'aller en faculté, rencontre nécessairement autour de lui, et même dans sa famille, les études supérieures comme un destin banal et quotidien, et pour le fils d'ouvrier qui, ayant moins de deux chances sur cent d'y accéder, ne connaît les études et les étudiants que par personnes ou milieux interposés[56]. » Ainsi, paradoxalement, la méritocratie est un système qui favorise les mieux nantis d'une société. La méritocratie ne signifie donc pas l'égalité des chances. Dans la mesure où il n'y a pas d'égalité des chances, il est normal que l'élite n'ait pas sa pleine légitimité. L'élitisme va à l'encontre de l'idéal de justice sociale et d'égalité. Cependant, est-ce vraiment ce dont il s'agit lorsque l'on parle du populisme en général et de l'antiélitisme en particulier ?

55 ROUSSEAU, Jean-Jacques, *Du contrat social,* livre II, chapitre 6.

56 BOURDIEU, Pierre, PASSERON, Jean-Claude, *Les Héritiers. Les étudiants et la culture,* Éditions de Minuit, Paris, 1964, p. 12.

L'AUTHENTICITÉ DU PEUPLE

> *« Cette absence de langue qu'est le joual*
> *est un cas de notre inexistence à nous, les*
> *Canadiens français. On n'étudiera jamais*
> *assez le langage. Le langage est le lieu de*
> *toutes les significations. Notre inaptitude à*
> *nous affirmer, notre refus de l'avenir, notre*
> *obsession du passé, tout cela se reflète dans*
> *le joual, qui est vraiment notre langue. »*
>
> JEAN-PAUL DESBIENS,
> *Les Insolences du frère Untel.*

Depuis toujours, le « peuple » suscite de la crainte, puisque, telle une épée de Damoclès, il est susceptible de se muer en masse incontrôlable parce que ignorant et manipulable. Mais qu'est-ce que le « peuple » ? C'est un mot qui est grandement utilisé par les politiciens, les intellectuels et les médias, mais qui cause bien des soucis aux politicologues puisqu'il peut avoir deux sens bien différents sans être vraiment précis pour autant. En effet, il peut à la fois être utilisé au sens de « tout le monde », selon le dictionnaire *Robert*, l' « ensemble des êtres humains vivant en société, habitant un territoire défini et ayant en commun un certain nombre de coutumes, d'institutions ». Autrement dit, la totalité des citoyens, soumis aux mêmes lois, constituant une communauté, formant ainsi une nation.

Ce n'est pas de ce « peuple » qu'il est question lorsque l'on parle de populisme. En revanche, le mot peut aussi être utilisé pour désigner une classe particulière, elle-même une section de ce « tout le monde ». Dans ce cas-ci, on parle de la masse, du plus grand nombre, par opposition aux classes supérieures, dirigeantes, ou aux éléments les plus cultivés de la société. C'est de ce deuxième sens du mot « peuple » qu'il est question lorsque l'on parle de populisme.

L'écrivain Paul Valéry, dans *Regards sur le monde actuel,* proposait cette définition en insistant sur l'ambiguïté du mot : « Le mot peuple [...] désigne tantôt la totalité indistincte et jamais présente nulle part; tantôt le plus grand nombre, opposé au nombre restreint des individus plus formés ou plus cultivés[57]. » Dès l'apparition du mot, « demos » en grec ancien et « populus » en latin, cette double signification existait. Il pouvait à la fois signifier « peuple » au sens de communauté politique ou au sens de la fonction dite « inférieure » de cette communauté, soit le « petit peuple », la « populace » ou la « plèbe ». En France, l'ancien leader du Front national, Jean-Marie Le Pen, parlait de « petites gens » pour désigner cette population.

En fait, le « peuple » des populistes n'a rien à voir avec celui des démocrates. Il n'est pas le creuset d'un contrat social ni le fondement d'une mécanique représentative, mais un être en fusion. Le peuple des populistes ne connaît pas la segmentation des classes sociales, à l'exception de deux groupes qu'ils opposent : le « peuple » – donc la majorité – et les minorités en général, les « élites » en particulier. Puisque n'existe plus le sentiment d'identité – encore moins de solidarité – de classe,

---

57   VALÉRY, Paul, *Regards sur le monde actuel et autres essais,*
       Gallimard, Paris, 1945, p. 19.

les populistes s'adressent à des individus aux frustrations personnelles différentes. Même si ces frustrations diffèrent selon les individus, on tente tout de même d'unir ceux-ci en disant qu'ils forment une majorité, menacée par une ou des minorités.

Si on voulait être plus précis pour définir le concept de « peuple » tel qu'il est utilisé par certains populistes, on se rendrait compte qu'il ne désigne nullement les plus démunis et les laissés-pour-compte. Le « peuple » dont parlent ces populistes, ce sont les gens qui payent beaucoup de taxes et d'impôts, qui travaillent fort pour leur argent, qui sont propriétaires ou en voie de le devenir. On parle de citoyens ordinaires, de la majorité. En fait, dans le discours de ce type de populiste, on glorifie la petite entreprise et la propriété privée – qui sont associées à la création de richesse –, et, en parallèle, on stigmatise les fonctionnaires – nécessairement incompétents[58] –, les syndicats et les artistes, qui sont associés à des parasites. Ce populisme oppose un Québec travailleur et vertueux, celui du secteur privé, à un Québec paresseux et vivant de subventions, celui des fonctionnaires et du monde de la culture. Dans ce type de populisme existe aussi une dénonciation des assistés sociaux, profiteurs responsables de tous les maux du pays.

Dans la mouvance du national-populisme, le mot « peuple » a un sens national ou plutôt ethnique. On parle d'un « nous » supposément homogène, avec sa culture, son mode de vie et ses traditions. Pour désigner ce peuple, on parle parfois des « de souche » et, pour rester dans l'image de l'arbre, on dit des élites qu'elles sont « déracinées », qu'elles oublient ou même qu'elles nient leurs origines nationales, un reproche que faisait

---

58   Cette stigmatisation des fonctionnaires a notamment été illustrée par
     le maire de Québec, Régis Labeaume, qui les a désignés en 2010 comme des
     « parfaits incompétents », des « pleutres » et des « fourreurs de système ».

naguère en France l'écrivain et politicien Maurice Barrès[59]. Au Québec, on parle parfois des « pure laine » pour désigner cette population. Cette mouvance national-populiste lance souvent des appels au passé, à la tradition et à l'identité nationale. Une forme d'ethnocentrisme qui manifeste une faible tolérance face au pluralisme. L'identité est conçue comme un héritage qui façonne les peuples et les singularise. Les fondements du national-populisme sont ethniques et culturels. Le national-populisme rejette l'universalisme des Lumières et refuse que l'identité puisse être construite grâce à des apports nouveaux. Dans la conception du national-populisme, l'identité est immuable. Dans ce cas-ci, le ressentiment n'est pas tant anti-élites qu'anti-étrangers. En fait, il reste tout de même antiélitiste puisque les élites sont accusées d'être mondialisées et cosmopolites, de même que d'encourager l'immigration et le multiculturalisme. Ce type de populisme dénonce aussi l'État providence puisqu'il gaspillerait l'argent en subventions et en assistance sociale pour les nouveaux arrivants, aides auxquelles n'a pas accès la majorité.

Le peuple, pour certains populistes, c'est aussi les « Angry White Men » qui voient partout des complots contre le petit citoyen blanc. On s'imagine que l'homme blanc hétérosexuel est désavantagé parce qu'il ne bénéficie pas, contrairement aux femmes – cette majorité traitée en minorité – et aux minorités visibles, de la discrimination positive. Il existe un ressentiment contre les communautés culturelles et d'autres identités qui bénéficieraient d'avantages que n'a pas la majorité (accommodements raisonnables, discrimination positive, etc.). Contrairement aux femmes et aux minorités visibles – et même

---

59 Notamment avec son roman *Les Déracinés*, portant sur un groupe de lycéens de Nancy, avec comme idée centrale la race et les racines qui seraient l'essence des individus.

aux homosexuels –, il n'y a pas de lobbies ni d'associations – ni même de défilés – qui représentent et défendent leurs intérêts.

On reproche aux mouvements féministes, de même qu'aux mouvements homosexuels et aux communautés culturelles, d'aller trop loin. On laisse entendre que les minorités auraient des privilèges et que la majorité serait victime.

On entend également parler de plus en plus d'un « racisme anti-blanc » – formule inventée en France par le Front national durant les années 1980 et reprise en 2012 par le courant de la « Droite décomplexée » avec le politicien Jean-François Copé –, que l'on devrait combattre au nom de l'antiracisme. Force est d'admettre que tenir ce genre de discours, c'est oublier que la cause antiraciste est une cause politique dont la finalité consiste à défendre les droits des minorités. Qu'un « Blanc » soit victime de racisme de la part d'une minorité visible est évidemment hautement condamnable, mais ce geste condamnable a bien peu à voir avec les principes mêmes de la cause que l'on a appelée « antiracisme ». C'est aussi vrai pour le masculinisme, qui n'a rien à voir avec les principes de la cause féministe, de même que pour la « fierté hétérosexuelle », qui n'a rien à voir avec les principes du mouvement de la fierté gay.

Chez les populistes, le peuple est aussi celui qui vit à l'extérieur des villes, pour l'opposer aux élites urbanisées. On dit des élites québécoises qu'elles sont déconnectées du peuple en se sentant plus à l'aise dans les grandes métropoles du monde, de New York à Londres en passant par Bruxelles et Toronto, plutôt que dans les régions du Québec. Partout dans le monde, on parle de l'abandon du peuple par des élites mondialisées, inconscientes des conséquences de l'ouverture à tout vent des frontières et insouciantes de la perte de leur identité nationale. On glorifie le terroir, qui représenterait la vraie nation, et on fustige la cosmopolite urbanité des élites. Une forme de populisme anti-urbain voulant que les grandes métropoles soient la cause des maux de la nation. On présente Montréal comme une métropole urbaine, cosmopolite et branchée, par opposition aux régions du Québec, où se trouveraient les « vrais Québécois ». Encore une fois, le peuple contre les élites. On va même plus loin en mettant d'un côté les branchés – que l'on nomme parfois *hipsters* – de Montréal ou, pour être plus précis, du Plateau-Mont-Royal, à qui l'on prête des valeurs progressistes et superficielles, et de l'autre les « vrais Québécois » vivant à l'extérieur de Montréal et ayant de « vraies valeurs ».

On remarque que l'on associe le peuple à l'authenticité, d'où d'ailleurs l'utilisation des expressions « le vrai monde » et « les vrais gens » pour décrire le peuple, comme s'il y en avait des faux ! On parle aussi parfois de « Québec réel » pour désigner cette population, comme autrefois en France l'écrivain Charles Maurras parlait du « pays réel ».

Cette authenticité est omniprésente dans la conception de l'identité québécoise et on parle d'ailleurs de « vrais Québécois ». Au Québec, cette majorité que l'on dissocie de l'élite est associée à l'authenticité. Le langage du peuple est le « parler vrai » alors que le bon parler est considéré comme élitiste. La langue populaire, le joual, est associée à l'authenticité. Ainsi, bien parler, au Québec, deviendrait « parler faux » et est perçu à la fois comme une perte d'authenticité et une perte d'identité nationale. Dans toutes les langues du monde, il existe des niveaux de langage. En France, par exemple, autre pays francophone, il existe plusieurs niveaux de français sans que l'on se demande si certains sont plus « français » – au sens national du terme – que d'autres. Au Québec, utiliser un niveau de langage autre que la langue populaire, c'est être moins québécois, c'est perdre son authenticité et donc, par conséquent, son identité québécoise. On a parfois l'impression qu'il n'existe qu'un seul niveau de langue au Québec ou même que l'on nie l'existence des niveaux de langue. Comme si le fait de bien parler avait quelque chose d'« étranger ». C'est sans doute pourquoi on assiste à une détérioration de la langue française dans les médias de masse.

Au Québec, petite société tissée serrée, comme le veut l'expression, on a parfois l'impression que l'on confond égalité des chances et égalité tout court. Un peu comme s'il existait une pression sociale pour que nous soyons tous pareils. Par ailleurs, cette obsession égalitaire ne s'observe pas uniquement sur le plan du niveau de langage. Elle s'observe aussi par différentes manifestations, telles que l'effritement des normes vestimentaires et la généralisation du tutoiement. On a même parfois l'impression que le souci d'égalité se traduit par un malaise devant la différence culturelle. Autrement dit, la valeur voulant que les citoyens soient tous égaux fait en sorte qu'il existe une pression sociale incitant tous les citoyens à être pareils, du moins dans l'espace public. C'est ce qui explique en partie le malaise éprouvé devant les symboles religieux.

L'obsession égalitaire québécoise fait que l'on nie la présence d'élites au Québec ou que l'on considère qu'elles sont moins québécoises. L'économiste autrichien Joseph Schumpeter soutenait que ce qui caractérise un gouvernement démocratique, ce n'est pas l'absence d'élites, mais la présence de plusieurs élites en concurrence pour la conquête du vote populaire. Le concept d'élite n'est pas uniquement synonyme de l'exercice d'un pouvoir par une minorité; ce peut être aussi de faire profiter la majorité des connaissances d'une minorité. La société évolue si ses élites se transforment. La mobilité sociale doit être une valeur cardinale. Il faut souhaiter la circulation des élites, et qu'elles soient ouvertes et fluides.

L'élite ne sera pas considérée comme légitime auprès du peuple si elle ne se conforme pas à la méritocratie. Lorsqu'on ne croit plus à l'égalité des chances, lorsque l'ascenseur social est en panne, l'élite perd sa légitimité. D'où l'importance de ne pas avoir des élites figées, telle une aristocratie, mais plutôt de souhaiter l'arrivée de nouvelles élites issues d'autres milieux. C'est encore plus vrai dans une petite société comme le Québec, où les réseaux d'élites sont étroitement tissés. Si les élites ne se renouvellent pas, la classe dirigeante se referme sur elle-même et la société s'expose au risque d'une révolution, comme l'histoire l'a maintes fois prouvé. « L'histoire est un cimetière d'aristocraties », disait d'ailleurs le sociologue et économiste italien Vilfredo Pareto.

On fait perdre son véritable sens au concept d'élite en l'opposant au peuple et on dénature l'idée même de peuple en le dressant contre les élites. Quand on utilise le mot « élite » de façon péjorative, cela suppose soit la négation de toute valeur, de toute compétence, de toute hiérarchie, ou alors le ressentiment et l'hostilité à l'égard de ceux que la société distingue et reconnaît comme les meilleurs en leur domaine.

Il ne s'agit pas de dévaloriser la parole du peuple, mais plutôt de ne pas la survaloriser. Il ne s'agit pas non plus de minimiser l'importance de la rupture entre le peuple et les élites, puisque, si la population estime qu'elle n'est plus réellement représentée par les élites dirigeantes, la démocratie a un problème. Il s'agit plutôt de qualifier de dangereuse cette opposition entre le peuple et les élites, et de privilégier, comme l'a écrit l'ancien Premier ministre français Lionel Jospin, une vision républicaine qui unit le peuple à ses élites. Car, selon lui : « Issues du peuple, les élites – au sens républicain du terme – ne sont rien d'autre que des personnes qui sont choisies par le peuple pour le représenter (les élus) ou désignées pour leur compétence ou leur talent (scientifique, intellectuel, artistique, militaire, économique, sportif). [...] C'est ainsi qu'on a pu parler d'un élitisme républicain[60].» On pourrait tout aussi bien parler d'un élitisme démocratique.

Il faut tout même être prudent car, avec ce genre de propos, on peut rapidement et facilement passer pour antidémocrate. Il ne faut surtout pas diaboliser le peuple. Le mépris de la parole populaire est inquiétant. Il y a un danger à se représenter la parole populaire comme pernicieuse. En revanche, la réflexion ne doit pas s'arrêter là. On doit aussi se demander si n'existerait pas le danger inverse, qui consisterait à dire que rien n'est mieux que la parole des « vrais gens ». N'y a-t-il pas un danger à sanctifier, au nom de la souveraineté de la parole populaire, une parole qui se priverait elle-même, parce que dépositaire d'une autorité nouvelle, de toutes limites ?

---

60   JOSPIN, Lionel, *Le monde tel que je le vois,* Gallimard, Paris, 2005, p. 167.

LES ÉLITES POPULISTES

« Ce n'est pas parce qu'ils sont nombreux à
avoir tort qu'ils ont raison. »

COLUCHE.

Il ne faut pas oublier que les discours populistes sont introduits dans le débat public par des politiciens, par des intellectuels et par des médias, tous de plus en plus populistes. Autrement dit, les discours populistes sont introduits par des « élites populistes » qui prétendent parler au nom du peuple, des élites irresponsables qui, pour défendre leurs propres intérêts plutôt que l'intérêt général, encouragent le populisme et même, paradoxalement, la haine des élites.

On assiste à des cassures au sein de la société et le fossé se creuse de plus en plus. C'est très inquiétant, mais ce qui l'est encore plus, c'est de voir des élites inconscientes de leur rôle se comporter comme des dangers publics en encourageant le populisme. Les élites, en particulier les intellectuels, étant devenues des professionnels des médias, elles doivent connaître non seulement le sens des mots, mais aussi leur portée.

Évidemment, il faut examiner les préoccupations de la population, quitte à répondre qu'elles ne sont pas fondées ou qu'elles sont exagérées. À les ignorer, on renforce le populisme. Ainsi, celui-ci a souvent une cause qu'il ne faut pas ignorer. En revanche, il est erroné de croire qu'il constitue la solution à la rupture entre le peuple et ses élites. Le populisme est un symptôme, pas un remède.

Il faut également se demander quel est le rôle du politicien : défendre l'opinion du peuple ou défendre l'intérêt général ? Répondre aux demandes des citoyens ou à leurs besoins ? Avec l'antiélitisme, qui mise sur un ressentiment du peuple envers les élites, on assiste à une dénonciation de l'establishment. Le populisme ne se limitant pas à l'antiélitisme, le ressentiment peut aussi se faire envers diverses autres minorités qui seraient supposément nuisibles à la majorité. C'est la mentalité du « nous contre vous », ce qui fait tout sauf donner une bonne image à la politique. C'est toutefois sans doute payant politiquement puisque cela permet de diviser les citoyens, de « diviser pour régner », « divide et impera » avait dit Nicolas Machiavel. En revanche, on est loin du courage politique qui viserait plutôt à défendre l'intérêt général.

Il ne faut pas confondre « opinion majoritaire » et « intérêt général », encore moins « opinion majoritaire » et « raison ». Cela ne veut pas dire pour autant que le politicien ne doit pas se fier à l'avis de la population, mais plutôt qu'il ne doit pas se fier uniquement à cet avis sans rien proposer d'autre que ce que la population désire. Le politicien, qui aspire à devenir un homme d'État, veut être un guide engageant un dialogue démocratique avec le peuple pour lui indiquer le chemin.

Au XIXe siècle, dans *De la démocratie en Amérique,* l'écrivain français Alexis de Tocqueville, même s'il considérait les opinions comme indissociables de la démocratie, était tout de même conscient que l'opinion pouvait prendre la forme d'une arme à double tranchant. Il allait même jusqu'à « [...] prévoir que la foi dans l'opinion commune deviendra une sorte de religion dont la majorité sera le prophète[61] ». Il s'inquiétait également des dangers de l'opinion de la majorité en écrivant : « La majorité a donc aux États-Unis une immense puissance de fait et une puissance d'opinion presque aussi grande; et lorsqu'elle est une fois formée sur une question, il n'y a pour ainsi dire point d'obstacles qui puissent, je ne dirai pas arrêter, mais même retarder sa marche et lui laisser le temps d'écouter les plaintes de ceux qu'elle écrase en passant. Les conséquences de cet état de choses sont funestes et dangereuses pour l'avenir[62]. »

La démocratie veut que la majorité ait toujours raison et que la minorité ait toujours tort. La majorité peut donc imposer ses décisions à la minorité dans la mesure où elle est censée représenter la volonté du plus grand nombre. Cependant, si elle agit comme si la minorité n'existait pas, en ignorant ses intérêts, on est en présence d'une tyrannie paradoxalement exercée au nom de la démocratie. C'est ce qu'Alexis de Tocqueville appelait la « tyrannie de la majorité ». Toujours dans *De la démocratie en Amérique,* il écrit : « [...] si vous admettez qu'un homme revêtu de la toute-puissance peut en abuser contre ses adversaires, pourquoi n'admettez-vous pas la même chose pour une majorité ? [...] le pouvoir de tout faire, que je refuse à un seul de mes semblables, je ne l'accorderai jamais à plusieurs[63]. » La règle de la majorité est tempérée par l'assurance légale que le droit des minorités et des individus est respecté. Quand cette tempérance est attaquée, impopulaire, critiquée, la démocratie

---

61 TOCQUEVILLE, Alexis de, *De la démocratie en Amérique,* tome II, première partie, chapitre II.

62 TOCQUEVILLE, Alexis de, *De la démocratie en Amérique,* tome I, deuxième partie, chapitre VII.

63 *Ibid.*

risque de glisser vers le populisme, plus précisément vers le national-populisme.

La politique s'appauvrit avec le populisme et il en va de même pour les débats publics. Le populisme réduit le débat public en le rendant banal et superficiel. Le débat, ce n'est pas uniquement celui des individus qui prétendent donner la voix aux sans-voix et défendre la majorité silencieuse, ni même de ceux qui prétendent être les porte-parole des « vrais gens ». Le vrai débat, c'est celui des idées et des projets.

Est-ce que les élites ont tort de ne pas refléter l'opinion de la population ou ne serait-ce pas au contraire leur rôle que de proposer à celle-ci d'autres options ? Est-ce qu'elles doivent répondre aux demandes des citoyens ou bien à leurs besoins ? Et si on attendait d'elles non pas qu'elles suivent l'opinion publique, mais qu'elles la guident ? Et si on attendait d'elles qu'elles assument leurs responsabilités ?

Les élites ne doivent pas tomber dans le jeu des populistes, mais elles ne doivent pas non plus se résigner à être des boucs émissaires. Leur rôle est de défendre l'intérêt général et d'être des militants de la raison.

Le contraire du populisme n'est pas l'élitisme et, surtout, celui-ci n'est pas la solution. Il n'a pas empêché le totalitarisme qui a créé les pages les plus sombres de l'histoire. En revanche, si l'élitisme n'est pas la solution, l'antiélitisme ne l'est pas non plus. Le populisme s'émancipe lorsqu'il y a démission des élites. Qui plus est, il n'est pas que de l'antiélitisme. Le populisme, c'est aussi l'impression que la majorité est menacée par des minorités qui ont des avantages dont ne jouit pas la majorité. Ces minorités, qui deviennent des boucs émissaires, ne sont donc pas que les élites; elles peuvent aussi être les immigrés, les assistés sociaux, les artistes, les fonctionnaires et les syndicats, pour ne nommer que celles-là.

Je souhaite que le populisme se fasse moins présent sur la scène politique, intellectuelle et médiatique, et que l'on assiste à un retour de la raison, des arguments honnêtes et d'un débat public sain. Il ne s'agit pas de censurer, mais plutôt d'en appeler à la responsabilisation des politiciens, des intellectuels et des médias.

* * *

Ce genre d'essai n'est pas sans risque. Il y a risque de brouiller les familles intellectuelles en associant trop facilement les idées populistes aux idées réactionnaires, voire aux idées conservatrices. Le risque de ce genre d'essai est aussi de stigmatiser, de condamner et même de diaboliser certaines idées et valeurs, en particulier les idées et valeurs conservatrices, nationalistes, réactionnaires et même de droite en général. Évidemment, certaines de ces idées et valeurs ne sont pas populistes par nature. Certaines peuvent être défendues avec de nobles intentions, de façon intelligente et avec finesse, et certains intellectuels le font d'ailleurs très bien. Ce n'est pas le but de cet essai, mais, comme pour les effets secondaires des médicaments, il existe des effets indésirables.

Cet essai vise plutôt à dénoncer le populisme, et force est d'admettre que les principales forces populistes d'aujourd'hui, en Amérique du Nord et en Europe, autant sur la scène politique que sur la scène intellectuelle ou médiatique, se trouvent à défendre une vision du monde qui est nationaliste, conservatrice, réactionnaire et globalement de droite ou plutôt d'extrême droite. Parce que le populisme n'est pas que l'appel au peuple, c'est aussi la défense de certaines valeurs. En dénonçant le populisme qui, dans les démocraties occidentales, se situe à l'extrême droite, il y a risque d'écorcher les idées et les valeurs de droite, tout comme la dénonciation du communisme à la fin des années 1970 et au début des années 1980 a eu comme conséquence négative d'écorcher les idées et les valeurs de gauche.

Par cet essai, je ne cherche pas à défendre une idéologie ni une ligne politique. Je ne cache pas, en revanche, que certaines de mes propres valeurs ont pu teinter ce livre. Je suis imprégné des valeurs de liberté, de justice, de démocratie, de tolérance et de lutte contre les discriminations et le racisme. Ma conception du populisme a sans doute parfois pris la forme d'une opposition à ces valeurs ou même d'une opposition au progressisme.

Cet essai semble un peu alarmiste, surtout quand on se dit que le populisme québécois est après tout bien timide lorsqu'on le compare au populisme américain et européen. C'est parce que ce livre a aussi pour but de sonner l'alarme avant qu'il ne soit trop tard. Sonner l'alarme pendant qu'il en est encore temps, alors que la situation n'est pas si grave.

Ce livre se veut également un « appel à la vigilance », pour reprendre le nom de ce collectif de quarante intellectuels français qui a fait paraître une tribune du même nom dans *Le Monde* du 13 juillet 1993. Comme eux, mais dans un autre contexte, je m'inquiète de la montée du populisme, et du manque de vigilance et de réflexion à ce sujet. Déjà, à l'époque, ce collectif avait décelé la stratégie de légitimation de l'extrême droite qui investissait les médias grand public. On reprochait à ceux-ci, sans doute par scrupule envers la liberté d'expression, de ne pas manifester la défiance qui s'imposait. Cette complicité involontaire des médias avait pour effet néfaste de banaliser le discours de l'extrême droite. Parce que la situation du Québec d'aujourd'hui est fort semblable à celle de la France de l'époque, je crois qu'un « appel à la vigilance » s'impose.

Ce livre a été écrit pour faire prendre conscience du populisme ambiant. Il a surtout été écrit pour inviter les politiciens, les intellectuels et les médias à assumer leurs responsabilités dans l'espace public, mais aussi à y trouver leur place. Il est temps, pour les élites en général et les intellectuels en particulier, de passer de la démagogie à la pédagogie. Il est temps pour les élites québécoises de faire preuve d'un véritable courage intellectuel et politique en allant au-delà de la tyrannie de l'opinion. Face à la dérive populiste, le rôle des élites est de ramer à contre-courant.

TABLE

La dérive populiste
composé en Garamond Premier Pro corps 11,5 points
a été imprimé sur les presses de l'imprimerie Gauvin,
à Gatineau
au mois de mars deux mille treize

Un papier contenant 50 % de fibres
postconsommation a été utilisé pour
les pages intérieures

Imprimé au Québec (Canada)